Water Shortage
— What children can do to help save the planet!

As the planet is getting warmer, the summers feel hotter and hotter each year. Earth is having a water crisis. This could be one of the biggest problems ever.

Water shortages and droughts are not new phenomena. We have seen them occasionally for thousands of years. But, more recently, more and more countries are experiencing water issues.

Recently the United Nations warned that more than 2.7 billion people will face severe water shortages by the year 2025 if the world keeps on using water at the same rate as today. This will result in fewer plants and wildlife, as both will be seriously damaged or completely destroyed – up to 40 percent of species could become extinct. Fewer plants and animals, coupled with a rising human population, will mean that water shortages will lead to food shortages.

The problem is clear. But what do we have to do?

One solution is to get children involved, since they will be most impacted by global climate change. This book will help children think and learn about the water shortage issue and understand the importance of dealing with the crisis. They will also learn about Planet Earth, global temperatures, and the world's ecosystem as they related to water.

Children reading this book will also learn about :

• How to create water

• The history of water from both the Oriental and Western points of view

• Creatures that live in the water

• How precious water is

• The special relationship between people and water

• Efforts to keep water clean

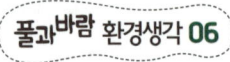 

물을 지켜야 우리가 살아요
Water Shortage - What children can do to help save the planet!

개정판 1판 1쇄 | 2017년 6월 29일
개정판 1판 5쇄 | 2025년 5월 29일

글 | 이영란
그림 | 이리

펴낸이 | 박현진
펴낸곳 | (주)풀과바람
주소 | 경기도 파주시 회동길 329(서패동, 파주출판도시)
전화 | 031) 955-9655~6
팩스 | 031) 955-9657
출판등록 | 2000년 4월 24일 제20-328호
블로그 | blog.naver.com/grassandwind
이메일 | grassandwind@hanmail.net

편집 | 이영란
디자인 | 박기준
마케팅 | 이승민

ⓒ 글 이영란, 그림 이리, 2017

이 책의 출판권은 (주)풀과바람에 있습니다.
저작권법에 의해 보호를 받는 저작물이므로 무단 전재와 복제를 금합니다.

값 11,000원
ISBN 978-89-8389-706-0 73470

※잘못 만들어진 책은 구입처에서 바꾸어 드립니다.

이 도서의 국립중앙도서관 출판예정도서목록(CIP)은 서지정보유통지원시스템 홈페이지(seoji.nl.go.kr)와
국가자료공동목록시스템(www.nl.go.kr/kolisnet)에서 이용하실 수 있습니다. (CIP제어번호 : CIP2017013835)

제품명 물을 지켜야 우리가 살아요	**제조자명** (주)풀과바람	**제조국명** 대한민국	⚠ **주의**
전화번호 031)955-9655~6	**주소** 경기도 파주시 회동길 329		어린이가 책 모서리에
제조년월 2025년 5월 29일	**사용 연령** 8세 이상		다치지 않게 주의하세요.
KC마크는 이 제품이 공통안전기준에 적합하였음을 의미합니다.			

물을 지켜야 우리가 살아요

이영란·글 | 이리·그림

풀과바람

머리글

　물은 누구 한 사람의 것도, 특정한 한 국가의 것도 아니에요. 하늘에서 내리는 비가 특별한 사람들만 모여 사는 곳에 내리지도 않고, 강물이 누군가의 집 앞에만 흐르지도 않죠. 바다는 세계에서 가장 부자이고 힘이 센 나라만 가질 수 있는 것도 아니에요. 물은 모든 사람이 써야 하고 돌봐야 해요.
　물이 소중하다는 사실은 더는 강조하지 않아도 세상 모든 사람이 알 수 있을 만큼 자연이 직접 보여 주고 있어요. 홍수, 가뭄, 지구 온난화, 이상 기후 등 사람의 힘으로는 어쩔 수 없는 자연의 이상 현상이 증명하고 있기 때문이죠.
　물은 지금보다 훨씬 풍부하고, 거의 오염되지 않았으며, 물 때문에 전쟁이 날 위험이 없던 시절에도 중요했어요. 당시의 사람들은 물에서 인생의 지혜를 얻기도 했어요. 이탈리아의 화가이자 조각가, 건축가로 유명한 레오나르도 다빈치도 물에 대해 깊이 생각했어요. 그가 생각한 물을 잘 살펴보면, 실

질적인 물의 쓰임보다 더 큰 우주의 뜻을 알게 될지도 몰라요. 지구가 막 탄생한 그때, 지구에 물이 필요하다는 사실을 아무도 모를 때처럼 말이에요.

"물은 때로는 예리하고 때로는 강하며, 때로는 신맛이 나고 때로는 쓴맛이 나기도 한다. 또 어떨 때는 달콤하며, 어떨 때는 진하기도 하고 약하기도 하다. 어떨 때는 상처나 병을 가져다주기도 하고 또 어떨 때는 건강을 주기도 한다. 물론 때로는 독을 주기도 한다. 물은 흐르는 곳에 따라 그 모양이 변하듯 아주 다양한 속성을 지니고 있다. 사물의 색에 따라 거울의 색이 달라지듯 물 역시 지나는 장소에 따라 그 성질이 달라지기 때문이다. 시끄러운 소리를 내며 힘차게 흐르기도 하고 천천히 흐르기도 하며, 떫은맛을 내기도 하고 유황의 냄새를 풍기기도 하고 짠맛을 내기도 하고, 붉은색을 내보이

기도 하고, 슬피 우는 듯한 소리 혹은 격노한 듯한 소리나 화난 소리를 내기도 하고, 빨간색 노란색 초록색 검은색 파란색 등으로 제 몸을 칠하기도 하고, 때론 미끈거리기도 하고 때론 넘실대는 줄기로 혹은 빈약한 줄기로 흐르기도 한다. 때로 물은 큰 화재의 시초가 되기도 하지만 때론 불을 끄기도 한다. 물은 따뜻하고 차며, 주위를 휩쓸고 지나가기도 하며 어느 한곳에 머무르기도 한다. 또한 주위를 움푹 들어가게 하거나 부풀리기도 하고, 사물을 갈기갈기 찢기도 하고 한데 모으기도 하며, 가득 채우기도 하고 텅 비우기도 한다. 혹은 스스로 부풀어 오르거나 구멍을 파고 빠져나가기도 하며, 빠르게 흐르기도 하고 잔잔히 고이기도 한다. 그리고 물은 때로 생명과 죽음의 원인이 되기도 한다. 어떨 때는 상대를 강화하고 영양분을 주기도 하지만 어떨 때는 그 생명을 박탈하고 빼앗기도 하는 것이다. 또 물은 때로 톡 쏘는 맛을 내기도 하지만 아무 맛이 없을 때도 있다. 그리고 때로는 커다란 홍수를 이루며 계곡을 뒤덮기도 한다. 이렇게 모든 사물은 물과 더불어 때가 되면 변화를 겪는 것이다."

이영란

차례

01. 물은 어디에서 왔을까? _8
02. 서양 물과 동양 물은 다른 물? _24
03. 물은 모든 생명체의 근원? _45
04. 참 고마운 물! _52
05. 물이 있는 곳에 사람이 있다 _68
06. 물이 시름시름 앓고 있어요 _80
07. 맑은 물을 위한 우리의 노력 _98

물 관련 상식 퀴즈 _113
물 관련 단어 풀이 _117

01 물은 어디에서 왔을까?

색도 없고 냄새도 없고 이렇다 할 맛도 없는 물은 여름이 되면 비로, 겨울이 되면 눈으로 우리를 찾아와요. 산골짜기에서는 졸졸, 바다에서는 철썩철썩. 사방을 둘러봐도 물이 없는 곳이 없어요. 과연 물은 어디에서 왔을까요?

물의 시작

물이 어디에서 왔는지, 어떻게 만들어졌는지 알아보려면 물을 담는 그릇인 지구가 언제 탄생했는지부터 알아야 해요. 지금으로부터 약 46억 년 전 엄청난 가스 구름이 태양을 감싸고 있었어요. 가스 구름 속에서는 아주 작은 알갱이들이 서로 잡아당기고 부딪치면서 점점 커졌지요. 그리고 서로 아주 빠른 속도로 부딪치면서 매우 뜨거워졌어요. 알갱이들이 모두 녹아 버릴 정도로 말이죠.

알갱이 중에서 금속같이 무거운 것은 안쪽에, 암석과 같이 가벼운 물질은 바깥쪽에 자리 잡으면서 둥근 모양의 행성이 탄생했어요. 시간이 지나면서 행성의 표면이 식어 딱딱한 껍데기로 굳어지게 됐지요. 이것이 오늘날 우리가 사는 지구예요.

여기까지는 과학자들 모두 뜻을 같이해요. 하지만 물이 생긴 방법에 대해서는 두 가지 설이 있어요. 하나는 표면이 거의 마그마 같은 상태였기 때문에 물도 없고 생명체도 없던 지구 주위에 가스 구름 속 알갱이들이 부딪쳐서 생긴 수증기와 메탄가스, 수소 가스, 암모니아 가스 같은 기체가 둘러싸고 있었다는 거예요. 이 기체는 지구가 식는 동안 짙은 구름이 됐고, 구름은 엄청난 양의 비를 뿌려 댔으며, 빗물이 지구 표면의 움푹 팬 부분으로 흘러들어 바다가 만들어졌대요.

다른 하나는 막 태어난 지구가 엄청나게 뜨거운 불덩어리 같았는데, 차츰 지표면은 식었지만 지구 내부는 여전히 뜨거웠고 그 뜨거운 열기가 어떤 작용을 받아 화산 폭발로 이어졌대요. 그때 빠져나온 가스가 점점 크게 뭉쳐져서 구름이 됐고, 수백 년 동안 비가 내렸다고 해요.

작은 물방울들이 모인 수증기

수증기란 '기체 상태로 된 물'이에요. 아마도 우리가 표현할 수 있는 물의 가장 작은 단위일지도 모르죠. 물이 팔팔 끓을 때 뚜껑 틈새로 하얀 연기 같은 것이 올라와요. 그리고 곧 공기 속으로 사라지죠. 그것이 수증기예요.

마치 불을 피우면 모락모락 피어오르는 연기처럼 보이지만, 사실은 물방울이 아주 작게 변해서 하얗게 보이는 것뿐이에요. 무언가가 불에 탈 때 보이는 연기와는 달라요.

물을 머금은 구름

　태양열을 받아 지표면이 따뜻해지면 땅속에 숨어 있던 물, 땅 위에 있던 물 등이 더운 공기 속으로 숨어들어요. 따뜻한 공기는 위로 떠오르고, 차가운 공기는 아래로 내려오는 대류 현상으로 공기 속에 숨은 물들, 즉 수증기가 하늘 높이 올라가지요.

　하늘은 땅보다 해와 가까워서 더 더울 것 같지만, 땅과 달리 열을 보관해 둘 만한 물질이 없으므로 빨리 뜨거워졌다가 금방 식어요. 그래서 따뜻한 공기는 하늘로 올라갈수록 점점 차가워진답니다.

이렇듯 물기를 머금은 따뜻한 공기(수증기)가 바람을 타고 여기저기 옮겨 다니다가 점차 식어 응결하면 뭉게뭉게 하얀 구름이 돼요. 구름은 수증기보다 조금 더 커진 물방울이 모여 있는 거예요.

비가 되기 직전의 먹구름

구름 속 물방울들은 바람을 타고 여기저기 돌아다니다가 차가운 공기와 만나면 큰 물방울로 응축돼요. 얇고 가벼운 종이나 옷이 물에 젖으면 무거워지듯이 구름 속 작은 물방울들이 뭉쳐서 큰 물방울이 되면 무거워져요. 이렇듯 수증기들이 모여 이뤄진 구름이 점차 무거워지면 먹구름이 돼요.

먹구름은 왜 검게 보일까요? 먹구름은 비가 내리기 직전의 구름으로, 물방울을 아주 많이 가지고 있어요. 또 물의 입자가 크기 때문에 대부분의 빛을 흡수해서 검게 보이지요. 반면에 흰 구름은 물방울의 수가 적을 뿐 아니라 입자 크기도 작아서 빛을 흡수하기보다는 흩어 버리기 때문에 하얗게 보인답니다.

물의 또 다른 모습

먹구름 속 물방울들은 너무 무겁기도 하고, 지구에서 잡아당기는 힘인 중력의 작용으로 땅으로 내려와요. 대개 비가 되어 내리지만, 온도가 영하로 내려가는 한겨울에는 눈이 돼요. 번개와 천둥이 치면서 비바람이 몰아칠 때는 우박이 되어 우당탕 요란한 소리를 내며 땅으로 떨어지기도 하죠. 비와 눈이 섞여 진눈깨비가 되기도 해요.

돌고 도는 자연의 물

하늘의 구름 속에서 숨어 지내던 물이 비나 눈이 되어 땅으로 내려오면 호수나 강을 이뤄요. 또 빗물은 스펀지 같은 땅에 잘 스며드는데, 땅속 깊숙한 곳에 고여 있거나 지하수가 되어 땅 밑을 흐르지요. 지하수는 사람들의 식수로 쓰이거나 바다로 흘러가요.

산에 내린 빗물은 높은 곳에서 낮은 곳으로 흘러 계곡에 모였다가 시냇물이 되어 흐르고, 강으로 모여들었다가 바다로 흘러가요.

이렇게 땅을 촉촉하게 적신 빗물은 호수와 강, 바다, 계곡, 습기가 많은 축축한 땅(습지)에 머물다가 증발해요. 증발한 물은 다시 공기 중으로 스며들기도 하고, 식물의 뿌리로 흡수됐다가 잎을 통해 대기 중으로 되돌아가요.

대기 중으로 돌아간 물은 어떻게 될까요? 아주 작은 물방울들이 모인 수증기가 됐다가 하늘 높이 올라가 구름이 되고, 다시 비나 눈이 되어 땅으로 되돌아와요.

간단한 물의 순환 실험

　물이 팔팔 끓는 주전자에서 하얀 김이 올라올 때 국자를 갖다 대면 국자에 물방울이 맺히는 것을 볼 수 있어요. 여기서 하얀 김은 수증기이고, 뜨거운 수증기가 공기 속으로 흩어졌다가 국자에 물방울이 맺히는 것은 구름 속 물방울들이라 할 수 있어요. 국자에 맺힌 물방울은 식으면서 바닥으로 떨어져요.

지구에 있는 물

이 세상에 있는 물의 97.5%는 바닷물이에요. 이 바닷물이 태양열을 받아 수증기가 되고, 이 수증기가 대기로 들어가 구름이 되지요. 구름이 응축되면 물이 비나 눈이 되어 다시 대지로 떨어져 지구에 물을 공급해요.

이 물이 땅속으로 들어가거나 호수나 강으로 흘러 마침내 바다로 되돌아가고, 다시 순환이 시작돼요.

나머지 2.5%의 물 가운데 3분의 1은 호수나 강, 지하수로 흘러들어 가요. 이 물이 땅속 깊숙이 스며들면서 자연스레 맑게 정화되고(자정 작용) 물이 흐르는 공간을 마련하게 돼요. 우리가 우물을 판다고 하는 것은 이 공간에서 물을 끌어 올리는 것을 말해요. 나머지 3분의 2의 물은 빙하 상태로 있어요.

물이 머무는 시간

물이 땅이나 바다에서 공기 중으로, 공기 중에서 다시 땅과 바다로 되돌아오는 데 얼마나 걸릴까요? 땅에서 대기 중으로 흩어진 물이 다시 땅으로 돌아오는 데는 약 8일, 강에서는 16일, 지하수가 증발해서 다시 지하수가 되는 데는 최소 100년에서 최대 1만 년이나 걸려요.

바다의 물을 새로 채우는 데는 2500년 정도, 그리고 약 3000년 만에 소금기 없는 물(담수)이 되지요. 극지방의 빙하는 대략 1만 2000년 만에 새롭게 바뀌어요.

지구에는 얼마나 많은 물이 있을까?

지구에 있는 물을 양동이로 퍼서 그 양을 재어 본다면 어떨까요? 전 세계 사람이 모두들 양동이를 들고나와서 물의 양을 재는 데 동참한다고 해도 양동이의 물을 한데 모을 만한 큰 그릇이 없으니 직접 재어 볼 수는 없겠군요. 아무튼 과학자들에 따르면, 강과 바다처럼 액체로 또는 빙하처럼 얼음으로 존재하는 물의 양은 총 14억 세제곱킬로미터(km^3)에 달한대요.

여기서 세제곱킬로미터란, 가로와 세로와 높이가 모두 1킬로미터인 거대한 상자로 나타낼 수 있는데, 이것이 14억 개나 있다는 뜻이에요.

물이 만든 땅

물이 흘러가는 작은 길을 '천', 큰 길을 '강'이라고 해요. 이를 붙여 '하천'이라고 하지요. 물은 하천을 따라 땅을 깎는 '침식 작용', 침식 작용으로 쓸려 나온 흙을 옮기는 '운반 작용'을 해요. 물과 함께 흘러내린 흙은 평지에 이르러 더는 흘러갈 힘을 잃고 쌓여요. 이를 '퇴적 작용'이라고 해요. 물이 흙을 운반해 쌓아 놓은 곳을 '선상지' 또는 '삼각주'라고 하지요.

선상지는 산에서 물과 함께 휩쓸려 내려온 흙이 쌓인 곳으로, 땅이 기름져서 농사짓기에 좋아요. 삼각주는 강이 바다와 만나는 어귀에 생긴 땅이에요. 강물이 바다에 가까워지면 부챗살 모양으로 넓게 퍼져 흐르는데요, 강물의 움직임이 약해지면서 물보다 무거운 흙, 나뭇잎 같은 물질이 가라앉아 양분이 많은 땅을 이루게 돼요.

지금으로부터 약 5000년 전에 삼각주를 중심으로 사람들이 모여 살았어요. 그곳에서 사람들은 농사를 짓거나 바다를 건너 멀리 떨어진 곳에 사는 사람들과 물건을 사고팔았지요. 그러는 사이 큰 도시가 발달했고 사람들이 모여들면서 다양한 문화가 꽃을 피웠어요. 나일강이 있는 이집트와 황허강이 있는 중국, 인더스강이 있는 인도가 고대 문명의 발상지로 손꼽히는 것을 보면 알 수 있어요.

물은 동식물이 사는 터전

물속에는 우리 눈에 보이지 않는 미생물과 갖가지 물풀, 물고기, 개구리들이 살아요. 산 위쪽에서부터 세차게 흘러내려 오는 물줄기가 강을 이루는 상류는 울퉁불퉁한 바위와 큰 돌이 많아요. 또 물에 손이나 발을 담그면 마치 얼음물처럼 차갑지요. 이곳에는 열목어, 산천어, 버들치, 금강모치, 쉬리, 어름치 등이 살아요.

중류는 상류보다 물이 깊고, 강의 폭이 더 넓으며, 먹이가 풍부해요. 이곳에는 적을 피해 물풀 사이에 숨어 사는 각시붕어를 비롯해 물이 고인 곳에 사는 돌고기, 갈겨니, 자갈과 돌 속에 보금자리를 꾸미고 알을 낳는 꺽지, 바닥이 모래나 작은 자갈로 된 흐르는 물을 좋아하는 피라미, 물이 맑고 바위가 많은 곳에 사는 쏘가리, 물살이 세지 않은 곳을 좋아하는 백조어 등이 살아요. 자갈과 돌 표면에는 미생물과 식물성·동물성 플랑크톤이 많이 달라붙어 있어요. 이들은 물을 맑게 하거나 물고기들의 중요한 먹이가 돼요.

하류는 상류나 중류보다 물이 덜 깨끗한 편이에요. 상류와 중류를 거쳐 많은 흙과 수중 생물들의 사체, 낙엽 같은 자연의 폐기물들이 실려 내려오기 때문이지요. 반면에 물고기들의 먹이가 풍부해요. 이곳에는 조선 시대

에 임금님 수라상에 오른 웅어, 홀로 있기를 좋아하는 눈불개 등이 살아요. 바닷물이 넘나드는 하류 끝자락에서는 소금물에도 잘 견디는 살치, 풀망둑 같은 물고기도 살지요. 황복, 뱀장어, 웅어는 바다와 강을 오가며 보금자리를 바꿔 살아요.

세계에서 가장 큰 강

세계에서 가장 긴 강은 아마존강으로, 2008년 전만 해도 가장 길다고 알려졌던 이집트의 나일강보다 391미터나 더 길어요. 세계에서 가장 큰 강도 아마존강이에요. 브라질과 페루, 볼리비아, 콜롬비아, 베네수엘라, 기아나 등이 아마존강의 도움을 받고 있지요.

2011년 8월에는 아마존강 4000미터 아래에 또 다른 강이 흐른다는 사실이 밝혀졌어요. 본래의 아마존강보다 1000킬로미터 정도 짧지만, 우리나라의 한강을 12개 이어 붙인 것만큼 길어요.

02 서양 물과 동양 물은 다른 물?

 서양 사람들에게 물은 공포의 대상이었어요. 그 대신 물의 요정과 신이 있어 물을 관리하고 지킨다고 생각했지요. 만일 이들이 없다면 바다는 인간을 비롯해 인간이 만든 모든 것을 집어삼킨다고 여겼어요.

 동양에서 물은 평화롭고 자비로운 존재로 여겨졌어요. 사람들은 물이 신만큼이나 많은 일을 한다고 믿었어요. 숲을 지켜 주고, 곡식과 과일을 자라게 하며, 생명을 유지하게 하니까요.

바다의 신 포세이돈

포세이돈은 '땅의 남편'이나 '땅의 주인'을 뜻하는 말로, 그리스에서 가장 오래된 물의 신이에요. 고대의 신 크로노스와 풍요의 여신 레아의 아들이며, 최고의 신 제우스와 지하 세계의 신 하데스와는 형제지간이지요.

포세이돈은 성격이 거칠다고 하는데, 평소에는 잠잠하다가도 풍랑이 일면 거센 파도를 일으켜 모든 것을 삼켜 버리는 바다의 특성을 나타내지요. 많은 미술 작품에서 포세이돈은 바다의 신으로서 삼지창, 고래, 다랑어와 같이 표현되고 있어요.

사랑과 미의 여신 아프로디테와 선원들의 보호자

미의 여신인 아프로디테는 선원들을 보호하는 신이기도 해요. '아프로디테'라는 이름은 '거품에서 태어난'이라는 뜻으로, 바다의 물거품 속에서 조개껍데기를 열고 태어났지요.

바다의 요정인 네레이스 또한 신에 대한 믿음이 강한 선원들이 바다에서 조난을 당하면 그들의 목숨을 구한다고 여겼어요.

물과 관련된 각 나라의 신화

고대의 사람들은 물을 생명의 근원으로 여겼어요. 모든 생명이 바다에서 시작됐다고 믿었기 때문이에요. 또한 색도 없이 투명한 액체인 물은 산, 구름 등 세상의 모든 것을 비추는 우주의 거울이라고 여겼지요. 물에 대한 이러한 생각은 많은 이야기를 만들어 냈어요.

일본에는 바다 밑 깊은 곳에서 잠을 자다 깨어나는 거대한 잉어 이야기가 전해 오고 있지요. 잉어가 격렬히 몸을 비틀며 물장구를 치는 바람에 엄청난 파도가 일고, 그 속에서 일본 땅이 솟아 나왔다고 해요.

인도에서는 힌두교의 창조신 가운데 하나인 비슈누가 바다를 떠도는 거대한 뱀을 타고 다니며 인도 반도를 생겨나게 했다고 해요.

미국이라는 나라가 생겨나기 전에는 아파치족, 피마족, 블랙푸트의 인디언들이 살았어요. 그들은 자신들이 살고 있는 평원이 먼 옛날에는 잔잔한 바다였다고 믿었어요. 뗏목을 타고 유랑하던 올드맨(세상의 우두머리)이 나타나 바닷속에서 땅이 나타나도록 했다는 이야기 때문이지요.

다른 인디언 종족에게는 이 세상을 만든 창조주가 어느 동물을 바다 밑으로 보내 그 속에서 진흙을 건져 올리게 한 다음, 그 진흙으로 그들이 사는 땅덩어리를 만들었다는 이야기가 전해 오고 있어요.

인어

동화 속에서 인어는 아름다운 여인으로, 반은 사람이고 반은 물고기이지요. 아름다운 인어의 노랫소리를 들은 뱃사람들은 넋이 나가 바다로 뛰어든다고 하기도 하고, 동화 속에서 인어는 왕자님과 사랑을 이루지 못해 물거품이 됐지요.

우리 인류에게 많은 이로움을 주는 바다는 안전한 곳은 아니었어요. 풍랑이 일고 비바람이 치는 날에는 거센 파도 속에서 온전히 살아남기를 바랄 수 없었어요. 예부터 바다 일은 매우 힘들어 주로 젊은 남자들이 선원이 됐기 때문에 바다에서 목숨을 잃는 사람들 또한 대부분 청년이었어요.

　사람들은 인어가 젊은 남자를 유혹해 바다로 데려간다는 이야기로 바다에 대한 공포심을 이겨 냈어요. 그렇다고 인어들을 모두 나쁘게만 그리지는 않았어요. 때때로 인어들은 조난한 배들을 안전하게 이끌어 주었어요. 뱃사람들에게 곧 닥칠 위험을 미리 알려 주기도 했지요. 바다에 빠져 목숨이 위태로운 사람을 정성껏 간호해 생명을 구하기도 했어요.

우물가에서 태어난 임금님

우리나라에서 가장 오래된 역사책인 《삼국사기》와 《삼국유사》를 보면 신라의 시조인 박혁거세는 우물가에서 태어났다고 해요. '나정'이라는 이름으로 불리는 그 우물은, 소나무 숲에 둘러싸여 있어요. 신라를 세운 6명의 촌장은 임금을 뽑고 도읍을 정하자고 높은 곳에 올랐어요. 그때 나정 근처를 감도는 이상한 기운을 느꼈어요.

그곳에는 백마 한 마리가 무릎을 꿇고 있었어요. 이윽고 백마는 하늘로 올라갔고 붉은색의 커다란 알만 남았는데, 그 알에서 사내아이가 태어났어요. 촌장들이 사내아이를 '동천'이라는 곳에서 목욕시키자 아이의 몸에서 광채가 나기 시작했어요. 그러자 새와 짐승들이 춤추듯 놀고 하늘과 땅이 진동하며 해와 달이 맑아졌어요. 사람들은 이 아이가 세상을 밝게 한다 하여 '혁거세'라 이름 지어 주고, 알이 박같이 생겼다 하여 성을 '박'씨로 삼았다고 해요.

박혁거세의 왕비인 알영 부인도 우물가에서 태어났어요. 《삼국유사》에 따르면, 기원전 53년에 알영정 가에 계룡이 나타나 오른쪽 옆구리에서 입술이 닭의 부리를 닮은 여자아이를 낳았대요. 때마침 길을 가던 한 노파가 아이를 거두어 '알영'이라고 이름 짓고 월성 북쪽에 있는 냇물에 목욕을 시켰어요. 그러자 여자아이의 부리가 떨어졌어요. 여자아이는 열세 살 때 혁거세 왕의 왕비가 됐다고 해요.

비야 내려라 제발

옛사람들은 비를 하늘이 내려 준 선물이라고 생각했어요. 비가 내려야 논과 밭의 곡식이 잘 자라고, 강과 호수에 물이 가득 차 언제나 마시고 씻을 수 있기 때문이에요. 지금은 사계절 내내 채소와 과일을 먹을 수 있지만, 당시에는 그러지 못해 한 해 농사를 잘 지어야만 추운 겨울을 무사히 보낼 수 있었어요.

하지만 비는 사람들이 원하는 때에 원하는 만큼 내리지 않기 때문에 비가 오지 않으면 사람들은 근심 걱정에 휩싸였어요. 가뭄이 오래되면 강이 바닥을 드러내고 식물이 말라 죽으며 논밭이 쩍쩍 갈라져 버리기 때문이지요.

그래서 동서양을 막론하고 비가 오랫동안 내리지 않으면 하늘에 비를 내리게 해 달라고 제사를 지내거나 춤을 추고 음악을 연주했어요.

인도에서는 여인들이 살아 있는 개구리를 키에 묶은 다음 개구리에게 물을 줘야 한다는 내용의 노래를 부르면, 다른 사람들이 개구리에게 물을 뿌렸다고 해요.

루마니아의 한 마을에서는 한 소녀에게 지난해에 추수한 옥수수 이삭을 엮어 머리에 쓰는 관처럼 씌우고, 그 위에 마을 사람 모두가 물을 뿌려 풍성하게 곡식을 거둘 수 있기를 기원했대요.

그리스에서는 어린아이들을 줄을 세워 샘가로 보냈는데, 맨 앞에는 온몸을 꽃으로 장식한 소녀를 앞세웠어요. 잠시 행렬이 멈출 때마다 아이들은 소녀에게 물을 뿌리며 노래를 불렀대요.

우리나라의 기우제

우리나라에서도 독특한 방법으로 비가 내리길 기원했어요. 제사를 지낸 사람들이나 마을 사람들이 장작·솔가지·땔나무로 쓰는 풀 등을 산더미처럼 쌓고 불을 질렀어요. 기우제 기간에는 집집이 처마 끝에 버들가지나 솔가지로 마개를 한 물병을 거꾸로 매달기도 했어요. 물이 떨어지는 것을 흉내 낸 거예요.

삼국 시대와 고려 시대, 조선 시대에는 비가 내릴 때까지 시장을 옮겼고,

　삼국 시대에는 용을 그려 붙이거나 용을 만들어 빌기도 했어요. 정월 대보름에는 비가 내리기를 바라며 줄다리기를 했지요. 줄을 용 대신 삼은 것으로, 두 마리의 용이 다투면 비가 내린다고 생각했어요. 또 조선 시대에는 한강이나 박연 폭포에 용의 원수인 호랑이 머리를 넣었다는 기록도 있어요.

　또 용의 신이 있다고 전해 오는 연못이나 물웅덩이에 개를 잡아서 생피를 뿌리거나 머리를 던졌어요. 그러면 이 부정한 기운을 씻어 내기 위해 용신이 비를 내린다고 믿었지요. 묘를 파는 방법도 있는데, 이 또한 잘못된 행위를 씻어 내기 위해 하늘에서 비를 내린다고 해요.

물과 세례

오래전 세계 곳곳에서는 물에 몸을 씻으면 영혼이 맑아진다고 믿었어요. 중세 시대 켈트인들은 기사 작위를 받을 때 수염을 깎고 머리를 단정하게 다듬은 뒤, 목욕탕에 가서 찬물에 몸을 푹 담가야 했지요.

특히 종교 의식에서 물은 매우 중요한 역할을 해요. 유대교의 랍비들은 예배당에 들어서기 전에 반드시 손과 발을 씻어요. 가톨릭교도들은 교회에 들어서기 전에 성수에 손가락을 담근 다음 성호를 긋지요. 이슬람교의 예배당인 모스크에는 손과 발을 씻는 세정소가 마련되어 있어요.

이렇게 중요한 의식에 앞서 물에 몸 또는 신체의 일부를 씻는 행위가 가톨릭교회에서는 세례로 바뀌었어요. 세례를 받지 않고는 어느 누구도 천국에 들어갈 수 없다고 믿기 때문이에요. 세례에서 사용되는 물은 죄를 없애고 영혼을 다시 태어나게 한다는 의미에서 매우 중요한 역할을 해요.

물과 축제

필리핀에서는 세례를 베푸는 뜻으로 서로에게 물을 적시는 물 축제가 있어요. 매년 필리핀 마닐라의 산후안에서는 마을의 수호성인으로 알려진 '성 세례 요한'을 기념하는 축일을 맞아 서로에게 물을 적시며 지나가는 사람들에게 물을 뿌려요.

태국에서는 매년 4월 13일이 되면 '완송끄란'이라는 축제가 열려요. 완송끄란은 '물의 축제, 물 뿌리기 축제'로, 태국의 새해맞이 축제이지요. 이날은 태국의 전통 달력상으로 설날에 해당해요.

미얀마에서는 가장 무더운 4월에 '틴잔'이라고 하는 새해맞이 물 축제가 벌어져요. 아는 사람이건 모르는 사람이건 서로에게 축복을 내려 준다며

물에 적신 나뭇가지, 주전자, 물통, 양동이, 드럼통, 물총, 물 풍선, 심지어 소방 호스까지 동원해 물을 뿌려 댄답니다. 이때는 온몸이 흠뻑 젖어도 누구도 화를 내지 않아요.

3월 초에서 4월까지 건기의 막바지에 이를 때 라오스에서는 '삐마이'라고 하는 신년을 맞이해요. 4월 중순이 되면 일손을 놓고 '송칸'이라고 하는 물의 축제를 즐기지요. 연휴 첫째 날은 '낡은 송칸이 떠나는 날'이라고 하여 집안 청소를 하고, 둘째 날은 휴식의 날로 온 가족이 편히 쉬지요. 셋째 날은 '새로운 송칸이 오는 날'이라고 하여 9개의 절을 방문해 불상에 물을 뿌린답니다.

이는 자신들이 믿는 신에게 물을 부어 나쁜 것을 씻어 내고 좋은 것을 얻기를 바라는 마음을 나타낸 거예요. 자신들에게 행운이 오기를 빌고, 지난날의 불행을 쫓아내기 위함이지요.

너 나 할 것 없이 불상에 부은 물은 나무로 만든 통을 흐르는데, 사람들은 이 물을 퍼서 자신의 머리에 부으며 행운이 오기를 바라요. 이때 젊은 이들은 어른들의 합장한 손에 물을 부어요. 차마 어른들의 머리에 물을 부을 수 없으므로 존경의 표시로 부처님처럼 합장한 손에 물을 붓는 거예요. 삐마이는 외국인들도 즐기려고 일부러 라오스를 찾을 정도로 세계적 축제가 되었답니다.

설날과 함께 캄보디아의 최대의 명절인 '본 옴 뚝'도 물의 축제예요. 수도인 프놈펜시를 관통하는 톤레사프 호수의 물줄기가 바뀌는 것을 기념해 만든 것으로, 국왕이 개막을 선언하지요. 이 축제는 11월에 열리는데, 5~10월에 매일같이 비만 내리는 우기가 끝나 줄곧 넘실대던 메콩강 물의 양이 줄어들고 톤레사프 호수의 물이 바다로 향할 때 열린답니다. 축제 기간에는 지역 대표 400여 팀을 비롯해 외국인들도 참가하는 보트 레이스가 펼쳐져요.

물과 치료

프랑스의 '루르드'라는 곳은 병든 사람들이 끊이지 않아요. 1900년대 당시 돌을 만지는 일을 했던 루이 부리에트라는 사람이 눈이 멀게 됐는데, 루르드의 한 석굴에 있는 샘물의 진흙을 바르자 다시 시력이 돌아왔다고 해요. 또 하반신이 제대로 자라지 못한 데다 심한 경련으로 고통받던 두 살짜리 아이가 이곳의 물에 몸을 담그자 병이 말끔히 나았다고 해요.

마치 기적 같은 일이지만, 며칠 만에 마비된 몸이 다시 돌아왔다거나 머리에 있던 종양이 사라졌다거나 하는 이야기가 무수히 많은 곳이기도 해요. 고열로 목숨이 위태로웠던 나폴레옹의 아들도 이곳에서 치료를 받았대요.

터키의 유명한 관광지 가운데 하나인 파묵칼레에는 하얀 절벽들 사이로 샘물이 흐르는데, 로마 시대부터 병을 치료하는 물로 유명해요. 지금도 그

물로 병을 고치려고 세계 각지에서 많은 사람이 모여들고 있어요.

멕시코의 작은 시골 마을의 우물에서 나오는 '테라코테의 물'은 수돗물보다 칼슘이 148배, 마그네슘이 237배, 철이 12배나 더 많이 들어 있어서 질병을 물리치는 데 효과가 좋대요. 매년 800만 명의 사람이 물로 건강을 되찾기 위해 이곳을 찾지요. 실제로 우루과이의 한 병원에서는 환자들에게 이 물을 마시게 했는데, 80%의 질병이 치료됐대요.

온천

온천은 지하수가 땅속열 때문에 평균 기온 이상으로 데워져서 땅 위로 솟아나는 샘을 말해요. 일반적으로 온천은 화산 지대에 많지요. 온천에는 몸에 좋은 여러 광물이 들어 있어서 질병을 치료하는 데 도움이 돼요.

오늘날과 같이 의료 기술이 발달하지 않았던 옛날에는 피부병·신경통·위장병을 치료하기 위해 온천을 많이 이용했어요. 우리나라에서 가장 오래된 온천은 온양 온천이에요. 고려 때 농부들이 풀을 뽑아 놓으면 저절로 마르고 한겨울에도 땅이 얼지 않았대요. 그곳을 파 보니 뜨거운 물이 솟아나왔대요.

유성 온천은 백제 시대에 상처를 입은 병사가 치료해 나은 곳이자, 조선 시대 태조 이성계가 종기를 치료하기 위해 머무른 곳이에요. 부산의 해운대 온천은 신라 때 진성 여왕이 천연두를 온천욕으로 고친 곳이라고 해요.

목욕하지 않으면 체포하겠다!

따뜻한 물을 1년 내내 쓸 수 있는 우리는 거의 매일 몸을 씻어요. 고대의 그리스 사람들도 목욕을 좋아했대요. 고된 일이나 운동한 뒤, 전쟁터에서 돌아온 뒤, 지식인들은 토론하기 전에 목욕을 했대요. 의학의 아버지라 불리는 히포크라테스는 따뜻한 물이 사람의 마음을 차분히 가라앉히는 효과가 있다고 여겨 질병을 치료하는 데 목욕을 활용했어요.

핀란드에서는 '사우나'가 매우 유명해요. 1년 중 거의 절반이 겨울인 핀란드에선 "사우나로 치료되지 않으면 불치병이다."라는 속담이 있을 만큼 사우나로 병을 고치곤 했어요. 정신병을 앓는 사람은 사우나에 가두어 두고 악귀가 빠져나갈 때까지 자작나무로 만든 작은 빗자루로 때리기도 했대요.

이슬람교도들은 목욕하면 깨달음을 얻을 수 있다고 여겼어요.

목욕을 사치로 여겨 잘 씻지 않았을 때도 있었어요. 오히려 목욕하지 않아 병이 생기면 그동안 지은 죄를 깨닫고 반성하는 기회로 삼았답니다.

1920년대에 미국의 한 도시에서는 일주일에 한 번 목욕하지 않으면

감옥에 가둔다는 포고령을 내리기도 했어요. 물론 목욕하지 않았다는 이유로 체포된 사람은 없어요.

신라 시대에 공중목욕탕이?

우리나라에서는 박혁거세와 알영 부인이 태어났을 때 마을 사람들이 물로 몸을 닦아 준 것을 최초의 목욕으로 보고 있어요. 그 뒤 불교가 성행하자 신라 사람들은 몸을 깨끗하게 함으로써 마음도 깨끗해진다고 믿어 목욕을 자주 했어요. 절에 대형 공중목욕탕을 두었고, 목욕할 수 있는 장소를 갖춘 집들도 생겨났지요.

고려 사람들은 하루에 서너 차례 목욕했으며, 개성의 큰 시냇가에서는 남녀가 한데 어울려 목욕했다고 해요.

예의를 매우 중시했던 조선 시대에는 노출을 꺼려 옷을 입은 채로 씻을 수 있는 함지박과 대야를 많이 썼어요. 그래도 신라 때부터 지켜 온 유둣날이 되면 맑은 시내나 계곡에서 머리를 감고 몸을 씻은 뒤, 챙겨 간 음식을 먹으면서 서늘한 곳에서 하루를 보냈어요.

벌거벗은 과학자

고대 그리스의 과학자인 아르키메데스는 욕조에서 나와 발가벗은 몸으로 거리를 향해 달리며 "유레카, 유레카!"라고 외쳤지요. 유레카는 '나는 알아냈다!'라는 뜻으로, 당시 왕의 금관에 은이 섞이지 않았나 알아내기 위해 고민하던 중 목욕하다가 그 방법을 알아낸 기쁨에 옷을 걸치지도 않고 거리를 뛰어다닌 거예요.

서로 다른 물질은 무게가 같아도 부피가 다르므로 물통에 넣으면 넘치는 물의 양이 달라지지요. 그래서 물통 하나에는 왕의 금관과 같은 무게의 금을, 나머지 하나에는 금관을 넣어 흘러넘치는 물의 양을 비교함으로써 금관을 만든 사람이 속임수를 썼다는 사실을 밝혀냈어요.

03 물은 모든 생명체의 근원?

물은 모든 생명체의 바탕이에요. 최초의 생명이 바다에서 태어났고, 모든 동식물의 몸은 대부분 물로 이루어졌어요.

우리도 아홉 달 동안 바다를 닮은 물속(양수)에서 살다가 이 세상을 살아가기 위해 울음을 터트렸어요.

원시 바닷속에서는

지구가 탄생하고, 곧 바다가 만들어지면서 바닷물 속에서는 조금씩 놀랄 만한 일들이 벌어졌어요. 바닷물을 구성하는 여러 가지 원소가 서로 반응하고 변화하여 생명체의 바탕이 되는 유기물을 만들어 낸 것이죠.

지금으로부터 34~35억 년 전에 바닷속에서는 오랜 시간 끊임없이 유기물이 만들어지면서 아주 간단하게 이뤄진 생명체들이 탄생했어요. 이후 오랜 시간이 지나면서 많은 생물이 등장했고, 이들이 복잡하게 진화하면서 육지에서도 살 수 있는 많은 생명체도 등장했지요. 이처럼 지구상의 모든 생명체는 물에서 시작됐답니다.

물이 있어야 살 수 있어

사람은 물론 동물이나 식물, 작은 미생물도 물 없이는 살아갈 수가 없어요. 사람은 음식을 먹지 않고도 한 달 이상 살 수 있지만, 물을 먹지 않으면 일주일도 버틸 수 없어요.

우리 몸속에서는 모든 장기와 세포가 활발하게 움직이는데, 물을 먹지 않으면 장기와 세포들이 활동하여 만들어 내는 노폐물들이 몸 밖으로 배출되지 못해 중독 현상을 일으키기 때문이에요.

실제로 우리 몸에서 물이 1~2%만 부족해도 매우 갈증을 느끼게 돼요. 5%를 잃으면 혼수상태에 빠지며, 12%를 잃으면 죽고 만답니다.

물과 우리의 몸

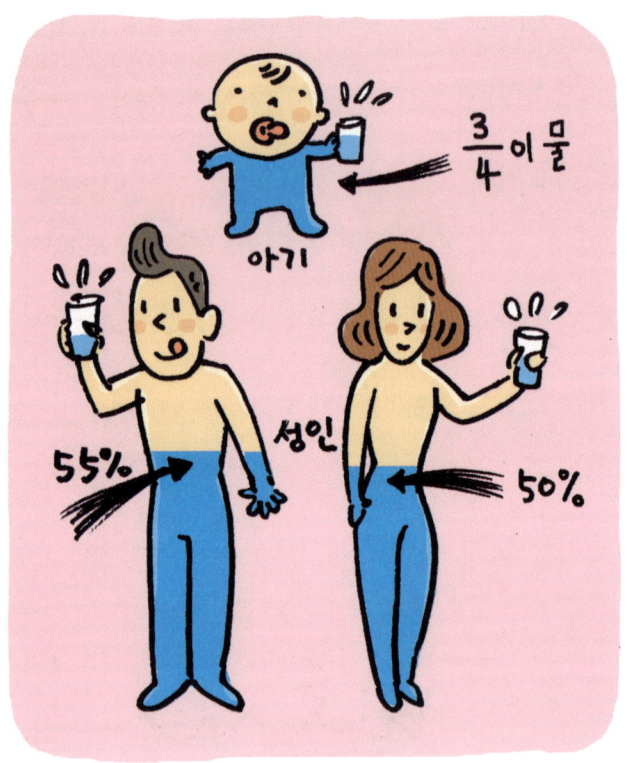

　엄마의 난자와 아빠의 정자가 만나 하나의 생명체로서 탄생할 준비가 된 수정란은 점차 분열되어 자라 배아가 돼요.

　이 배아는 아홉 달 동안 바다와 매우 비슷한 액체(96%가 물) 속에서 살다가 아기가 되고 이 세상을 살아가기 위해 '응애' 하고 울음을 터트리지요.

　갓 태어난 아기는 몸의 4분의 3이 물이에요. 아이가 자라 어른이 되면 대략 남자는 55%, 여자는 50%가 물로 채워지지요. 기관별로 살펴보면 신장은 81%, 심장은 79%, 뇌는 76%, 피부는 70%가 물이랍니다.

세포와 물

인간의 몸속에 있는 물은 각 세포를 이루는 무수히 많은 요소 사이를 오가며 활발한 활동을 해요. 물은 세포를 이루는 작은 부분들이 매끄럽게 활동하도록 윤활유 역할을 하지요.

세포는 '간질액'이라고 하는 액체에 잠겨 있어요. 간질액은 세포에 영양을 주고 세포의 노폐물을 실어 나르는 역할을 해요.

이 밖에도 물은 우리의 몸속에서 방광의 소변으로, 뇌의 뇌척수액(외부의 충격으로부터 뇌척수를 보호하는 액체)으로, 뼈와 뼈를 연결하는 관절액으로, 눈의 수양액(각막과 수정체, 홍채 사이를 채우는 용액)과 눈물로, 피부의 땀으로, 허파의 수증기로 존재해요.

목마를 땐 물을 벌컥벌컥

한바탕 운동장을 뛰었을 때, 짠 음식을 먹었을 때, 날씨가 더울 때, 힘든 일을 했을 때 우리는 간절히 물을 원하게 돼요. 이것을 '갈증'이라고 해요.

우리의 온몸을 도는 혈액 속에 있는 물이 땀으로 빠져나가 혈액의 농도가 너무 올라가면, 뇌에 '혈액 속에 물이 부족해'라는 신호가 전달돼요. 그러면 목덜미에 있는 뇌하수체에서 호르몬이 만들어져서 '갈증'이라는 것을 일으키고 '아, 목말라. 물이 엄청 마시고 싶어.' 하는 생각을 하게 된답니다.

물과 식물

갈증이 날 때 물 대신 오이나 배를 한 입 베어 물으면 아삭 하는 소리와 함께 즙이 입안으로 흘러들어 목마름을 해결할 수 있어요. 과일이나 채소 같은 식물은 대부분 물로 이루어졌기 때문이에요. 상추는 97%, 토마토는 93%가 물이에요.

식물 안에서 물은 돌고 돌아요. 식물에는 물을 돌리기 위한 펌프 같은 것은 없지만, 뿌리가 그 역할을 대신해요. 뿌리가 땅속에서 영양분과 물을 끌어 올리고, 잎에서 수분을 증발시키지요. 그러나 뿌리가 계속해서 물을 끌어 올리지 못하면 식물은 죽어요.

식물 속에서 물은 광합성 작용에 끼어들어 공기 중에서 빨아들인 이산화탄소를 이용해 산소와 습기(수분)를 내놓아요. 그래서 식물로 덮인 땅이 줄어들면 사막과 같이 건조한 땅이 늘어난답니다.

04 참 고마운 물!

물은 생명을 유지해 주고, 우리 생활 곳곳에 쓰이며 아낌없이 자신을 내어 줘요. 특히 물을 이용해 우리 생활에 꼭 필요한 에너지도 생산할 수 있답니다.

물을 만들 수 있어

지구가 처음 탄생했을 때 화산 폭발로 많은 기체가 지구 내부에서 쏟아져 나왔어요. 구름을 만드는 수증기도 나왔지만, 수소와 산소가 만나 물이 만들어졌어요.

1771년에 '프리스틀리'라는 영국의 화학자가 이를 과학적으로 연구해 물의 구조를 밝히려고 했어요. 그는 수소와 산소를 혼합하고 전기를 통하게 하면 물이 된다는 것을 처음으로 발견했어요.

영국의 화학자 캐번디시는 1771년부터 1784년까지 수없이 실험을 되풀이하여 수소 2의 부피와 산소 1의 부피에서 물이 만들어진다는 것을 확인했어요. 그 뒤 다른 과학자들이 물은 수소와 산소로부터 만들어지고 수소 2와 산소 1로 이루어진다는 사실을 명백히 밝혔으며, 이를 화학 기호로 'H_2O'라고 했어요.

물은 섞는 것을 좋아해

물은 아무 맛도 없고 냄새도 없지만 모든 것을 섞는 데는 도사예요. 다른 요소들과 결합해서 얼마든지 새로운 물질을 만들어 내기 때문이지요. 소금과 만나면 소금물, 설탕과 만나면 설탕물, 진흙과 만나면 흙탕물, 곡식 가루와 만나면 미숫가루가 돼요.

물을 이루는 산소와 수소 중에서 산소는 불안정한 물질과 결합하기를 좋아해요. 물이었을 때는 결합하려는 힘보다 갈라지려는 힘이 8배나 더 세기 때문에 어떠한 물질을 만나면 수소를 버리고, 다른 물질과 결합하기 일쑤예요.

그 과정에서 결합하려는 물질의 성분을 서로 떨어뜨려 놓아요. 예를 들어 화학 기호가 NaCl인 소금을 만나면 이 둘을 어김없이 갈라놓아요. 소금은 나트륨(Na)과 염소(Cl)가 결합한 물질인데, 물 분자가 이 둘을 각기 둘러싸서 이들이 소금으로 뭉쳐 있지 못하게 방해하는 거예요. 그리하여 하얀 알갱이였던 소금은 물속 산소의 힘에 이끌려 투명한 소금물이 되고 말지요.

둥글게 둥글게

우리가 보기에 물은 단순히 높은 곳에서 낮은 곳으로 흐르는 것 같아요. 물의 신비를 연구한 한 과학자에 따르면, 물은 나름대로 정교한 형태를 띠며 흐른다고 해요. 소용돌이의 물결은 연속으로 왼쪽에서 오른쪽으로 돌고, 옆에서 옆으로 움직이는 8자 모양의 무늬를 만든대요. 또 흐르는 물은 계속해서 본래의 둥근 모양으로 되돌아가려고 한대요. 구불구불 흐르는 시냇물이든, 굽이치는 파도든, 하늘에서 떨어지는 빗방울이든, 휘몰아치는 소용돌이 물살이든 형태에 상관없이 모두 다 말이죠.

수력 발전

세상의 모든 것은 에너지 없이는 움직일 수 없어요. 동물과 식물을 비롯한 우리의 몸도 에너지가 필요해요. 텔레비전도 게임도 모두 에너지가 있어야 움직이지요. 에너지란 '모든 것을 움직이게 하는 힘'이라고 할 수 있어요.

에너지는 물에서도 얻을 수 있어요. 물을 높은 곳에서 낮은 곳으로 떨어뜨릴 때 생기는 위치 에너지를 이용해 수차를 돌리고, 수차와 연결된 발전기를 돌려서 전기 에너지를 얻는 수력 발전이 그것이에요.

수력 발전은 하천을 막고 긴 수로를 만들어 에너지를 얻는 수로식과 댐을 만들어 하천의 상류와 하류 사이에 생기는 물의 높이를 이용해 에너지를 얻는 댐식이 있어요. 또 댐식과 수로식을 모두 사용하기도 하고, 수로식의 일종으로 강의 흐름을 강제로 바꾸어 큰 위치 에너지가 생기도록 만든 유역 변경식도 있어요.

수력 발전은 오로지 물로만 에너지를 얻기 때문에 석탄이나 석유 같은 연료가 필요한 화력 발전, 방사능 물질을 이용한 원자력 발전과 달리 공기나 땅을 오염시키지 않아요. 또 건설할 때를 제외하고 물이 마르지 않는 한 수력 발전을 운영하는 데 비용이 많이 들지도 않지요.

댐

댐은 하천의 흐름을 바꾸거나 막거나 늦추기 위해 강을 가로질러 세운 것을 말해요. 강을 막고 세운 것이기 때문에 인공적으로 호수나 저수지가 만들어져요.

대개 댐에는 물을 흘려보내는 수로나 문이 있어요. 때때로 물을 흘려보내지 않으면 홍수가 났을 때 댐이 위에서 흘러내려 오는 물의 힘을 이기지 못하고 무너질 수 있어요. 인공 호수와 저수지의 물이 썩어 그곳에서 자라는 동식물이 죽을 수도 있지요. 물론 사람들이 그 물을 이용할 수도 없어요.

댐은 주로 홍수와 가뭄에 대비하기 위해 만들어졌어요. 비가 많이 올 때는 수문으로 물을 내보내는 속도를 조절해 사람이 많이 모여 사는 하류 지역이 물에 잠기지 않도록 해요. 또 빗물을 저장해 뒀다가 가뭄에 대비해요. 평상시에는 농사를 지을 때 물을 끌어다 쓰지요. 댐이 세워지면 자연스럽게 댐 위쪽 물과 아래쪽 물의 높이가 달라지므로 이를 이용해 에너지도 얻어요.

가장 오래된 댐과 가장 큰 댐

우리 인류가 언제부터 댐을 지어 사용해 왔는지는 확실치 않아요. 이집트에 가면 기원전 2900년쯤에 지어진 돌로 된 댐이 있는데, 지금은 전혀 사용할 수 없지만 현재까지 남아 있는 가장 오래된 댐이라 할 수 있지요.

여전히 사용되는 가장 오래된 댐은 기원전 1300년쯤에 시리아에 세워진 것으로, 댐의 한가운데는 점토로 쌓아 올렸으며 그 주변을 자갈과 모래로 다진 다음 돌을 쌓았어요. 3000년 전에 기계도 없이 오로지 사람의 힘으로만 만든 것인데도 구멍이 뚫리거나 부서지지 않고 지금도 사용되고 있다니 참 대단한 기술력이에요.

세계에서 가장 높은 댐은 타지키스탄의 바흐슈강에 있는 로군 댐이에요. 로군 댐은 높이가 335미터로 우리나라 소양강 댐보다 3배 정도 높아요. 세계에서 가장 물을 많이 담을 수 있는 댐은 아프리카 잠베지강에 세워진 카리바 댐이에요. 짐바브웨와 잠비아 두 나라에서 전기를 끌어다 쓰지요. 우리나라의 소양강 댐보다 62배나 더 많은 물을 담아 둘 수 있어요. 가로, 세로, 높이가 모두 1미터인 상자로 따지면, 1806억 개나 쌓을 수 있는 양이에요.

조력 발전, 파력 발전, 조류 발전

수력 발전 말고도 물을 이용해 에너지를 얻는 방법이 있어요. 그것은 바닷물을 이용하는 거예요. 바닷물은 하루에 2번 육지 쪽으로 밀려왔다가 다시 멀리 달아나요. 밀물 때 물을 가두어 두었다가 수문을 열면 쏟아져 나오는 물의 힘과 썰물 때 빠져나가는 파도의 힘으로 에너지를 얻는 것이죠. 이를 '조력 발전'이라고 해요.

한국 시화호 조력 발전소!

세계에서 가장 큰 조력 발전소는 우리나라의 시화호 조력 발전소예요. 25만 4000킬로와트의 전기를 만들어 내지요. 또 파도의 움직임을 이용해 전기를 얻을 수 있어요. 이를 '파력 발전'이라고 해요. 원통형으로 생긴 발전 장비를 바다에 반쯤 담기도록 설치한 다음, 파도가 드나들 때 생기는 공기 압력으로 에너지를 얻는 방법이에요. 하지만 파력 발전은 설치해야 하는 많은 발전 장비보다 얻을 수 있는 에너지가 많지 않아서 널리 이용되지 않았어요. 2016년 제주도에 제주 시험 파력 발전소가 준공됐어요. 앞으로 매년 58만 킬로와트의 전기를 생산할 예정이에요.

바닷물이 흐르는 힘으로 에너지를 얻는 조류 발전은 파력 발전이나 조력 발전보다 한 단계 더 앞선 기술이에요. 바닷물의 흐름이 빠른 곳에 돌아가는 수차를 설치해 전기를 만들어 내는 방법으로, 바람을 이용한 풍력 발

전과 비슷해요. 조류 발전에서는 바람 대신 물이라는 점만 다르지요. 대신 바닷물은 1년 내내 흐르기 때문에 불다 말다 하는 바람과 달리 안정적으로 에너지를 얻을 수 있어요. 더군다나 조력 발전처럼 댐을 설치하거나 파력 발전처럼 배가 이동하는 데 불편을 주지 않아 환경에도 사람에게도 좋은 발전 방식이에요.

　우리나라에는 이순신 장군이 빠른 물살을 이용해 왜군을 물리쳤던 '울돌목'이라는 곳에 조류 발전 시설이 들어섰어요. 울돌목 말고도 맹골수도, 장죽수도 등 조류 발전으로 에너지를 얻을 수 있는 곳이 10곳이나 돼요. 앞으로 환경을 해치지 않으면서도 많은 에너지를 얻을 수 있을 거예요.

이 밖에도 바다 표면과 바닷속 온도 차를 이용한 온도 차 발전, 작은 하천이나 폭포수에서 물이 떨어지는 힘을 이용한 소수력 발전 등이 있어요.

이제는 바닷물도 마실 수 있어

바다에서 수영하다가 바닷물이 입에 들어가면 정신이 번쩍 들 정도로 짭니다. 수돗물 1리터에 소금을 30그램 정도, 찻숟가락으로 2.5번 넣으면 그 맛이 난다고 해요. 이렇게 짠물을 먹을 수 있는 물로 바꾸는 것을 '해수 담수화'라고 해요.

해수 담수화는 전 국토가 바다로 둘러싸인 섬나라나 바다가 가까이 있지만 물이 귀한 나라에서 많이 사용해요. 또 많은 사람이 물을 펑펑 써 대는 바람에 먹을 물이 많이 부족해지면 바닷물을 이용해야 하지요.

해수 담수화에는 크게 두 가지 방법이 있어요. 하나는 중동에서 주로

쓰는 방법으로, 바닷물을 증발시켜 수증기를 만든 다음, 이 수증기를 액체로 만들어(응결) 순수한 물과 소금으로 분리하는 거예요.

다른 하나는 물속에 녹아 있는 소금을 통과시키지 않는 삼투막을 이용하는 방법으로, '역삼투법'이라고 해요.

사람의 손으로 비를

과학이 오늘날처럼 발전하지 못했던 시절에는 하늘이 비를 내려 주기만을 바랄 수밖에 없었어요. 농작물이 말라 죽을 정도로 가뭄이 시작되면,

사람들은 기우제를 열어 "제발 비 좀 내려 주십쇼!" 하고 기도도 하고, 비와 관련된 물건을 매달기도 했지요.

하지만 1946년부터 '인공 강우'라는 기술이 연구·개발되어 하늘에 의존하지 않고도 특정한 곳에 비를 내릴 수 있게 됐어요. 인공 강우란, 구름 속 물방울들이 빗방울이 될 수 있도록 비행기로 구름에 '비의 씨'를 뿌리거나 장비를 날려 보내는 거예요.

실제로 미국에서는 먹을 물과 농사에 사용할 물을 얻기 위해, 오스트레일리아에서는 수력 발전에 사용하기 위해, 인공 강우로 비를 내리게 했어요. 중국에서도 2008년 8월 베이징 올림픽 때 개막식에 비가 내리지 않도록 미리 인공으로 비를 내리게 했어요. 2011년에는 겨울에 극심한 가뭄이 계속되자 산시성과 산둥성에 비와 눈을 내리게 했어요.

우리나라에서는 1995년 처음으로 인공 강우 실험을 시도한 이래 2007년에 강원도 대관령에서 인공으로 눈을 내리게 하는 데 성공했어요. 2010년에는 수도권에서는 처음으로 평택과 안성에 아주 조금이지만 비를 내리게 하는 데 성공했어요.

앞으로 인공 강우 연구가 더 발전되면 비가 거의 내리지 않아 먹을 물이 부족한 아프리카나 점점 사막화되는 우리 지구에 큰 도움이 될 거예요.

수소를 만들어 내는 물

햇빛과 물을 이용하면
수소를 만들어 내.
항공기, 자동차 등을 움직일 수 있는
에너지를 얻고 공해가 없는 연료로 사용해.
마음껏 사용할 수 있고
경제적이고 저장할 수 있어~!

최근 식물이 광합성을 한다는 점에서 아이디어를 찾아내 물에서 수소를 만들어 내는 기술이 개발됐어요. 햇빛으로 물을 분해해 수소를 많이 생산해 내는 기술이에요. 햇빛 가운데 눈에 보이는 '가시광선'에 반응하는 광촉매 나노 입자를 만들어 냈는데, 이 나노 입자는 물속에서 가시광선을 쬐면 물 분자(H_2O)에서 수소(H_2)를 분리해요.

수소는 환경을 오염시키지 않는 에너지를 만들어 내는 연료예요. 이 기술의 개발로 친환경 에너지를 생산하는 데 많은 도움이 될 거예요.

05 물이 있는 곳에 사람이 있다

지구에 바다가 생긴 이래로 아주 단순한 생물체에서 복잡한 진화를 거쳐 인류가 탄생했고, 사람들은 언제나 물이 있는 곳에 모여 살았어요. 물이 있는 곳에 열매가 있고, 집을 지을 나무가 자라며, 물고기를 잡아먹을 수 있기 때문이지요.

국가도 물과 함께

우가차차 우가차, 글도 모르고 불을 쓸 줄도 몰랐던 원시인들이 살았던 곳을 살펴보면, 대부분 물을 얻기 쉬운 곳이에요. 본격적으로 국가를 이루던 때에도 강을 따라 농사를 짓고 도시가 발달했지요.

우리나라는 삼국 시대부터 한강을 중심으로 발전해 왔어요. 프랑스는 센강, 인도는 인더스강과 갠지스강, 중국은 황허강과 양쯔강, 독일은 라인강, 영국은 템스강, 러시아는 우랄강 등 많은 국가가 강을 중심으로 힘을 키워 큰 나라로 성장했어요.

이 밖에 세계 곳곳에는 중요한 강들이 있어요. 남미의 여러 나라를 흐르는 아마존강과 오리노코강, 아프리카의 콩고강, 아르헨티나의 파라나강, 브라질의 마데이라강, 미국의 미시시피강, 동남아시아의 메콩강 등이 있어요.

깨끗한 물, 더러운 물

수돗물이 없던 시절에는 우물이나 샘물 이외에 대나무나 나무 홈통을 이용해 계곡물을 끌어다 썼어요. 강의 물을 퍼서 빨래하고, 계곡물로 목욕했지요. 이때는 사용한 물을 강으로 바다로 흘려보내도 크게 문제가 되지 않았어요. 자연의 정화 작용으로 시간이 지나면 물이 저절로 깨끗해졌기 때문이지요.

그러나 도시가 발달하고 사람이 많아지자, 자연적으로 물이 깨끗해지는 속도보다 사람들이 사용한 오염된 물이 쏟아지는 속도가 더 빨랐어요.

사람들은 물이 오염된 줄 모르고 매일같이 퍼서 쓰기만 하다 보니 병에 걸리기도 하고, 물에서 나는 악취 때문에 불편을 겪어야 했어요. 그래서 사람들은 깨끗한 물과 사용한 물을 구분할 수 있도록 시설을 만들었어요.

깨끗한 물이 다니는 길인 상수도와 버린 물이 다니는 길인 하수도가 그것이에요. 지금으로부터 약 2300년 전인 로마 시대 때부터 상수도와 하수도를 만들어 사용했어요. 7년간 총 613킬로미터나 되는 수로를 만들어 산 속의 맑은 물을 끌어다 썼대요. 이 물은 목욕탕, 공공건물, 분수 등에 사용됐다고 해요.

우리나라에서는 통일 신라 때 상하수도 시설을 사용했어요. 경주 안압지에서 흙으로 만들어진 상수도관과 하수도관이 발견됐지요. 안타깝게도 이 기술은 후대로 전해지지 못해 조선 시대까지 그 흔적을 찾아볼 수 없어요.

수돗물은 언제부터 사용했을까?

우리나라에서는 1906~1908년에 최초로 뚝도 정수장 시설이 만들어져 처음 수돗물을 사용하게 되었어요. 이 시설은 영국인이 소유한 조선 수도 회사가 만든 것으로, 영국식 기술인 모래 여과 기법으로 물을 맑게 해서 사용했지요. 하지만 일제 강점기 때에는 수돗물마저 빼앗겨 다시 우물의 물을 퍼다 써야 했어요.

지금은 산골짜기와 멀리 떨어진 몇몇 섬을 제외하고 대부분 수돗물을 쓸 수 있어요. 이로써 한 사람당 346리터의 물을 쓸 수 있는데, 실제로는 177.7리터 정도를 쓰고 있어요. 우리가 마시는 1리터짜리 우유로 봤을 때

177개 하고도 반병을 더 사용하는 셈이지요.

서울 시민의 하루 물 사용량은 286리터나 된대요. 집에서는 욕실 변기, 부엌 싱크대, 세탁기, 목욕, 세수와 양치 순으로 많이 사용되고 있어요.

수돗물은 어떻게 만들어질까?

수돗물은 물속에 있는 이물질과 병균을 제거하고, 불쾌한 냄새나 비릿한 맛이 나지 않도록 여러 가지 약품을 넣어 만든 깨끗한 물이에요. 우리나라는 수돗물을 만드는 기술이 세계 최고 수준이에요.

2011년 일본에 큰 지진이 났을 때 피해 지역 주민들에게 아리수를 10만 병 보내 줬어요. 아리수는 한강의 옛 이름으로, 2004년 2월부터 서울시 수돗물에 이 이름을 붙였어요.

우선 강물을 끌어다가 취수장 → 착수정 → 혼화지 → 응집지 → 침전지 → 여과지 → 오존 반응조 → 활성탄 여과지 → 소독 → 정수지 → 배수지를 거쳐 각 가정과 각종 시설에 공급해요.

착수정은 물을 안정시키고 물의 양을 조절하는 곳이에요. 혼화지는 물에 정수 처리 약품을 넣어 주는 곳이에요. 응집지에서는 물속을 떠다니는 아주 작은 물질들이 큰 덩어리로 뭉치게 하고 침전지에서 가라앉혀 맑은 물을 여과지로 보내요. 여과지에서는 물을 모래와 자갈층에 흘려보내 남아 있는 물질을 걸러 내지요.

이후 오존 반응조와 활성탄 여과지를 거치면 물이 한층 더 맑아지는데, 여기에 소독제로 쓰이는 염소를 넣어 배탈이나 질병을 일으키는 미생물이 남아 있지 않도록 한답니다.

수돗물은 안전할까?

1991년 3월 어느 날, 구미 공단의 전자 제품 부품을 만드는 한 공장에서 나온 페놀 원액이 8시간 동안 낙동강으로 흘러들어 갔어요. 페놀은 방부제, 소독 살균제, 합성수지, 염료, 폭약을 만드는 데 사용되는 화학 약품이에요.

당시 사람들은 페놀이 낙동강으로 흘러들어 간 사실을 모른 채 수돗물로 만들기 위해 염소를 넣었어요. 그 결과 악취가 심한 수돗물이 만들어졌어요. 악취의 원인은 페놀과 염소가 화학 반응을 일으켜 만들어진 클로로페놀이었어요. 클로로페놀은 논의 잡초나 풀을 말려 죽일 정도로 독성이 강한 물질이에요. 이 수돗물을 마신 임산부들은 배 속의 아기를 잃거나 기형아를 낳는 등 씻을 수 없는 상처를 입었답니다.

그 뒤 많은 사람이 수돗물을 믿지 않았지만, 이 사건을 계기로 환경 보호에 대해 다시 한번 생각하게 됐어요. 또한 엄격한 수질 검사 기준을 마련해 믿고 마실 수 있는 깨끗한 물을 만들기 위해 더욱 노력했어요. 그리하여 우리나라 수돗물은 맛과 수질에서 뛰어나다는 평가를 받고 있어요.

그래도 수돗물 마시는 게 꺼려진다고요? 그러면 볶은 보리나 볶은 옥수수 또는 차를 넣어 끓여서 마셔 보세요. 물맛이 좋아져요. 수돗물에 숯을 넣어 두는 것도 좋아요. 숯은 물맛을 좋게 하고 물속 나쁜 물질을 빨아들여요.

돈 주고 사 먹는 물, 생수

1988년 서울 올림픽 이전에는 물을 사 먹는다는 건 상상도 할 수 없었어요. 대부분 수돗물을 그대로 마시거나 물은 끓여서 마시는 거로 생각했지요. 올림픽을 찾은 외국 손님 중에는 우리나라를 잘 모르는 사람이 많았어요. 안다고 해도 전쟁을 치른 지 얼마 안 된 나라이고, 일본보다 훨씬 못산다는 정도였어요. 그런 손님들에게 수돗물을 먹으라고 할 수도 없고, 그 많은 손님에게 일일이 끓인 물을 대접할 수도 없는 노릇 아니겠어요? 그때 우리나라에 생수가 첫선을 보였어요.

우리가 마시는 생수는 지하수, 암반수, 샘물 등 자연에서 얻은 물을 여과시키고 살균한 것이에요. 이것을 물통에 담아 파는 것이죠.

유럽에서는 이미 1800년대부터 물을 사고팔고 했어요. 대부분 석회질이 섞인 물이라 먹으면 배탈이 났기 때문에 좋은 물을 찾기 위해 애를 썼지요. 미국에서는 1900년대 초에 생수가 등장한 이래로 건강을 위해 많은 사람이 마시고 있어요.

최근에는 세계 각지의 유명 생수들만 마실 수 있는 곳이 등장했어요. 심지어 강아지용 생수를 파는 곳도 있어요.

병 주고 약도 주고

1832년 영국에서는 갑작스럽게 5만 명이나 되는 사람이 이름 모를 병에 시름시름 앓다가 하나둘 죽어 갔어요. 급작스럽게 도시가 발전하면서 많은 사람이 모여들자, 도시는 순식간에 더러워졌어요. 당시 영국은 상하수도의 구분이 명확하지 않아 길거리에는 오물이 들끓고 더러운 물이 곳곳에 고여 있었어요.

이 질병은 1817년 인도의 벵골 지방에서 시작됐어요. 이어 스리랑카 섬까지 퍼져 나갔고, 2년 뒤에는 사람과 물건들이 배를 타고 바다를 건너가면서 동남아시아를 거쳐 중국에 그리고 1821년에는 우리나라에도 퍼져 전국적으로 수만 명이 아깝게도 목숨을 잃었어요. 그 뒤 일본을 거쳐 돌고 돌아 영국까지 간 것이지요.

전 세계적으로 엄청난 사람들의 목숨을 앗아 간 이 질병은 '콜레라'예요.

콜레라는 물과 관계가 있는 질병으로, '수인성 전염병'이라고 해요. 위생적인 상수도와 하수도 시설이 제대로 갖춰지지 않은 곳에서 활개를 치며 많은 사람을 아프게 해요. 비가 많이 내리거나 홍수로 하수구의 물이 길바닥으로 쏟아져 나오면 위생적인 상하수도 시설을 갖춘 곳에서도 콜레라로부터 안심할 수 없어요.

콜레라에 걸리면 입속 또는 혈관을 통해 물을 빼앗겨요. 빼앗긴 물은 물 같은 변을 보는 설사로 이어지지요. 심하면 시간당 1리터씩 쏟아 내기도 해요.

우리 몸은 물이 부족하면 위험 신호를 보내는데, 처음에는 탈수증에 시달리다가 급기야는 목숨을 잃게 되지요.

콜레라의 치료제는 물이에요. 물과 설탕을 조금만 먹으면 죽는 것만큼 쉽게 낫지요.

갑자기 열이 나면서 설사와 구토, 발작을 일으키는 말라리아도 수인성 전염병이에요. 말라리아를 옮기는 모기도 물에서 오기 때문이에요.

06 물이 시름시름 앓고 있어요

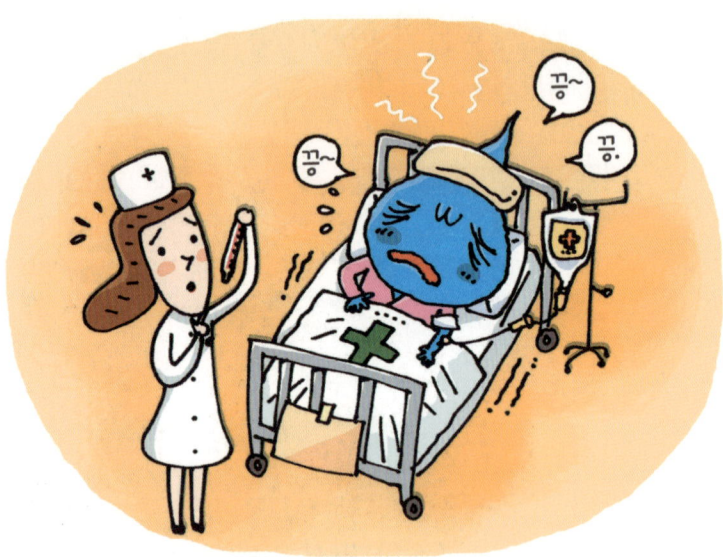

　최근 들어 세계 각국에서 물과의 전쟁을 벌이고 있어요. 아직 지구에는 인간이 쓸 물이 많다고 하지만, 인구는 늘고 많은 사람이 물을 아까운 줄 모르고 펑펑 쓰기 때문에 조만간 강물과 지하수가 바닥날지도 모르죠.

　깨끗한 물을 마시지 못해 병에 걸려 죽는 사람들도 있어요. 유엔에 따르면 21세기 들어 물 사용량이 6배나 증가해 세계 인구의 44%가 물 부족에 시달리고 있대요. 안전한 마실 물이 부족해 고통받고 있는 인구가 28억 명이나 된다고 해요.

세계 물의 날

물의 소중함을 알리기 위해 유엔은 매년 3월 22일을 '세계 물의 날'로 정했어요.

전 세계 인구의 약 20%가 깨끗한 물을 마시지 못하고, 30~40%나 되는 물이 그냥 버려지기 때문이지요.

유엔 회원국들과 관련 단체들은 먹는 물이 줄어들지 않게 하고 물 자원이 오염되지 않도록 많은 사람의 관심을 끌어내려고 애쓰고 있어요.

이를 위해 교육 프로그램, 물 절약 캠페인, 하천 정화 운동, 학생을 대상으로 한 프로그램을 이용해요.

물은 착하기도 하고 사납기도 하고

물은 태양이 지구를 집어삼킬 듯이 덤벼들어 모든 생물이 갈증을 느끼며 어깨를 축 늘어뜨리고 있을 때는 시원한 비가 돼요. 추위에 세상 모든 것이 꽁꽁 어는 겨울엔 하얀 눈이 되어 사람들에게 즐거움을 선사해요.

하지만 눈이든 비든 때때로 다른 모습을 하는 물은 우리를 위협하기도 해요. 기온이 내려가면 지구의 절반이 얼음으로 덮여요. 눈이 펑펑 쏟아지면 사람들은 오도 가도 못하지요. 공기가 더워지면 강풍과 함께 손을 잡고 마구잡이로 비를 쏟아 내요. 농부들이 애써 가꾼 작물이 물에 떠내려가고, 소도 강아지도 심지어 사람조차도 홍수로 불어난 물에 둥둥 떠내려가요.

물은 모든 것을 분해해

물은 소나기가 되어 비로 내릴 때, 10밀리리터만 쏟아져도 1제곱킬로미터당 100킬로그램의 모래를 흩어 버려요. 한여름 태풍이 몰려와 바다에 큰 파도를 일으키면 사람 100명이 들어야 하는 커다란 방파제 돌들을 옮기기도 하고 부숴 버리기도 해요.

아버지들이 열심히 일하는 산업 분야에서도 물의 위력은 대단해요. 가느다란 물줄기에 센 압력을 더해 여러 장을 겹쳐 놓은 철판이나 단단한 돌들을 자르기도 하거든요.

물을 돈 보듯

치카치카, 이를 닦을 때 물이 담긴 물컵을 손에 들고 있으면서도 수도꼭지를 틀어 놓는 친구가 많아요. 손에 비누칠할 때도 물은 여전히 콸콸콸 하수구를 향해 쏟아지지요.

실제로 사용하는 물은 공급되는 양의 5%뿐이고, 나머지 95%는 그냥 흘려보낸다는 사실을 알고 있나요?

우선 욕실로 가 봐요. 양치질하는 동안 수돗물을 틀어 놓으면 약 15리터의 물을 낭비하는 거예요. 우리는 자본주의 세상에서 살고 있으니 돈으로 계산해 보는 게 확실할 거예요. 시중에서 파는 생수 500밀리리터짜리가 500원이라 할 때, 이를 닦는 3분 동안 1만 5000원을 버린 셈이네요.

부엌에선 어떤가요? 잘 익은 삼겹살을 싸 먹을 채소를 씻거나 설거지할 때 물이 빠지는 구멍을 막지 않으면 1분당 7.5리터의 물을 흘려보내게 돼요. 여기에서는 7500원을 낭비했네요.

세탁기에 빨래를 넣고 돌려 봐요. 빨랫감을 반만 채운 채 돌리면 약 114리터의 물을 낭비해요. 세탁실에서는 11만 4000원을 날렸군요.

마당에서는 아버지가 차를 닦고 계시네요. 이런, 호스로 물을 마구 뿌리고 있네요. 세차할 때 호스를 사용하면 227리터를 쓰는데, 스펀지에 물을 적셔서 닦으면 11리터면 된다고 해요. 앞으로 아버지는 21만 6000원을 더 벌어야겠어요.

자, 욕실과 부엌, 세탁실, 세차에서만 총 36만 원 정도를 허투루 쓴 거나 다름없어요. 여기에다 다른 곳에서도 새어 나가는 물을 계산해 보면 더 많은 돈을 낭비하고 있음을 알 수 있어요.

물이 오염되는 과정

이번에는 우리가 물을 얼마나 괴롭히는지 알아봐요. 생각보다 많은 곳에서 오염 물질이 강과 바다로 흘러들어 가요.

공장이나 자동차에서 나오는 매연이 섞인 산성비는 지하수를 오염시켜요.

가축의 배설물은 논과 밭에 영양분을 주는 퇴비로 쓰여요. 이것이 비와 함께 지하수로 스며들면 물을 오염시키지요.

논과 밭에 뿌리는 비료와 살충제에는 몸에 해로운 화학 성분이 들어 있어요. 빗물에 녹아든 화학 성분이 강에 흘러들면 물고기가 죽어요.

광산에서 광물을 캐서 운반할 때 흘러나온 독성 물질과 먼지들이 강으로 흘러들어 가요.

쓰레기를 모아 둔 곳에서 흘러나온 오염 물질은 땅뿐만 아니라 물에도 스며들어요.

원자력 발전소에서 사용된 물과 방사성 폐기물이 바다에 흘러들어 가면 바다 생물에 나쁜 영향을 끼쳐요.

유조선에서 흘러나온 기름은 바다를 오염시켜 물고기가 죽거나 오염된 물고기를 먹은 사람들이 병에 걸려요.

각 가정에서 사용한 물을 하수 처리하지 않고 버리면 강이 오염돼요.

산업용으로 사용된 물에는 중금속이나 독성 물질이 포함되어 있어서 함부로 버리면 안 돼요.

강가, 해변에 마구 버린 쓰레기는 썩지 않는 것이 대부분이기 때문에 물고기들이 사는 환경을 망가뜨려요.

지구 온난화와 지구의 미래

뉴스에서는 매년 지구의 온도가 높아지고 있다며, 극지방의 빙하가 녹고 있다는 보도를 우려 섞인 목소리로 들려주고 있어요. 지구 온난화란 '자동차나 공장 등에서 뿜어내는 이산화탄소, 메탄가스로 땅과 바다의 온도가 높아지는 현상'이에요. 땅의 온도가 높아지면 곡식이 잘 자라지 않고, 숲은 점점 메말라 가며, 푸른 땅보다 사막이 많아질 거예요.

바다의 온도가 높아지면 바닷속을 떠다니는 각종 해조류가 급속하게 자라요. 해조류가 바다를 가득 채우면 바다 생물에게 필요한 산소를 차단해 물속 생물을 죽게 만들어요. 극지방의 빙하를 녹여 바닷물이 불어나면 일부 섬이나 바다와 가까운 땅을 집어삼키고 말 거예요.

그러면 사람과 동물이 살 수 있는 땅이 줄어들고, 맑은 공기를 뿜어내고 땅속에 숨은 물을 지켜 주는 숲이 줄어들어 먼 미래에는 지구가 더는 아무것도 살 수 없는 끔찍한 곳이 될지도 몰라요.

빙하야 녹으면 안 돼

빙하는 우리가 사용할 수 있는 천연 물 저장고예요. 바닷물처럼 짜지도 않고, 비처럼 즉시 바다로 스며들지도 않죠. 지구 온난화로 빙하가 모두 녹으면 결국 전 세계는 곳곳에서 가뭄이 들어 세계 인구의 절반 정도가 갈증과 배고픔에 허덕이게 될 거예요. 빙하가 녹는다고 왜 사람들이 배가 고프냐고요? 들판의 곡식이 물이 없어 자라지 못하기 때문이죠.

또 빙하가 빠른 속도로 녹아내리면 강물은 홍수를 일으킬 수 있어요. 호수에 물이 많이 고이면 댐이 무너져 많은 사람이 목숨을 잃을 수 있답니다.

다행히도 아직 이런 일이 벌어지지 않는 이유는 빙하보다 비가 더 큰 영향력을 발휘하기 때문이에요. 하지만 하늘에서 내려 주는 빗물은 전 세계에 골고루 내리지 않아요. 어느 지역에서는 너무 많이, 어느 지역에서는 너무 적게 내리지요. 이러한 불균형을 바로잡아 주는 게 빙하예요.

빙하호 홍수

빙하가 녹은 물이 스며들어 생긴 빙하호에 많은 물이 흘러들어 홍수를 일으킨다고 해요. 지구 온난화로 빙하가 빨리 녹기 때문이지요. 특히 히말라야 산맥의 빙하가 빨리 녹아 네팔과 부탄에 있는 빙하호 가운데 적어도 50개 정도는 갑작스럽게 홍수가 일어날 가능성이 크대요.

2007년 여름에는 파키스탄과 중국의 국경선 가까이에 있는 훈자 계곡의 작은 마을에서 4번이나 홍수가 일어났어요. 집은 물론 논밭이 물에 잠기고 마을 사람들은 피난을 떠나야 했지요.

네팔에서 가장 위험한 초롤파 빙하호는 점점 커지고 있어요. 만일 이 호수의 물이 넘친다면 1만 명이 목숨을 잃을 뿐 아니라 다른 마을까지도 홍수 피해를 당한대요.

땅을 집어삼키는 바다

전 세계적으로 해수면은 매년 평균 1~2밀리미터 상승했어요. 해수면이란 '바다의 표면'을 말하는데, 해수면이 상승한다는 것은 그만큼 물에 잠기는 땅이 생긴다는 뜻이지요. 바닷물에 잠긴 땅은 소금기 때문에 곡식이 자라지 못하고, 나무가 죽어요. 그리고 마실 물도 오염되지요.

방글라데시에서는 해수면이 높아지고, 히말라야 빙하가 녹아 많은 강에서 홍수가 자주 일어나고 있어요. 2004년에는 홍수로 나라의 반 이상이 물에 잠겼어요.

인도양의 아름다운 섬나라 몰디브도 건물들이 물에 쓸려나가는 것을 막기 위해 해변에 돌과 모래를 쌓고, 벽돌로 방파제를 세우고 있어요.

9개 섬으로 이루어진 투발루는 이미 섬 2개가 잠겼고, 바다의 소금기가 땅에 스며들어 식물이 자랄 수 없게 돼 버려 식량마저 부족하대요. 2060년에는 투발루가 이 지구상에서 완전히 사라질 거라고 해요.

자연을 해치는 댐

댐은 우리에게 많은 이로움을 주지만, 자연에는 환영받을 수 없는 존재예요. 하천에 만들어진 댐은 하천의 흐름을 바꿔 그곳에 사는 생물들에게 좋지 않은 영향을 끼치기 때문이에요. 이전에 살던 동물이나 물고기는, 갑자기 먹이가 사라져 굶어 죽을 수 있어요. 그곳에서 푸름을 자랑하며 자라던 식물들도 갑자기 바뀐 환경에 적응하지 못해 점차 사라질 수 있지요.

또 물에 섞여 흘러야 할 흙과 모래가 댐에 갇혀 호수에 쌓이면, 댐의 아래쪽에 있는 하천에는 맑은 물만 흐르게 돼요. 그러면 댐의 하류는 물이 흐르면서 주변의 흙과 돌을 깎아내리는 침식 작용만 있고, 퇴적물이 쌓이지 않게 되지요. 강바닥에 충분한 양의 퇴적물이 쌓이지 않으면 그곳에 살던 미꾸라지나 메기는 집을 잃는 것이나 마찬가지지요.

댐 때문에 고인 호수나 저수지의 물이 흐르지 못해 썩어 버리면 그 안에 살던 생물들은 모두 죽고 말겠죠. 비가 많이 내리는 여름철에 홍수를 예방

하기 위해 이 썩은 물을 하류로 흘려보내면 하류의 물은 오염돼요.

 연어와 장어 같은 물고기는 상류에서 태어나 하류에서 지내다가 다시 상류로 올라가 알을 낳는 습성이 있어요. 그런데 댐 때문에 상류로 올라가지 못하면 알을 낳지 못해 더는 연어와 장어를 볼 수 없을지도 몰라요.

위기의 지하 암반수

우리가 사 마시는 생수 중에는 지하 암반수임을 자랑하며 맑고 깨끗한 물, 몸에 좋은 물이라고 광고하는 것들이 있어요. 생수의 원료가 되는 지하 암반수란, 지하수를 말하는 거예요.

지하수는 비나 눈이 땅속에 스며들어 지층이나 암석 사이를 흐르는 물이에요. 땅속에 스며든 물은 모래나 자갈, 암석 사이를 지나면서 자연적으로 정화되어 불순물이 걸러져요. 이 지하수가 자연적으로 솟아난 것이 샘물이고, 사람이 땅을 파서 강제로 꺼내 쓰는 것을 우물이라고 해요.

그런데 사람들이 자연을 무자비하게 개발하고, 공장에서 사용한 물을 마구잡이로 흘려보낸 탓에 이 지하수가 오염되고 있어요.

지하수는 지구에 처음 비가 내린 때부터 지금까지 아주 오랫동안 천천히 암석과 흙 사이를 흐르기 때문에 한번 오염되면 원래대로 되돌리는 데 시간이 오래 걸려요.

또 몸에 좋은 물이라고 지하수를 마구 퍼 쓰면 지하수가 말라서 없어질 거예요. 지하수가 있던 자리가 빈 곳이 되어 땅이 꺼질 수 있어요. 자칫 잘못하면 목숨을 잃는 사고로 이어질 수 있지요.

물 전쟁

강은 산에서 시작해 바다에서 끝난다고 볼 수 있어요. 강물은 소금기가 없어 그냥 마실 수 있으므로 예나 지금이나 참으로 중요해요. 그런데 강은 크기와 상관없이, 크기가 일정한 호수와 달리 넓은 땅에 걸쳐 흐르기 때문에 특정 국가의 소유로 삼기 어렵기도 해요.

이렇듯 2개 이상의 국가가 하나의 강을 사용할 때, 그 강을 '다국적 강'이라고 해요. 다국적 강은 전 세계에 214개 이상 있고, 그 가운데 50개국이 다국적 강을 중심으로 경제·문화적으로 발전을 이루며 살아요.

모두들 강을 아끼고 보호하면 큰 문제가 되지 않아요. 그러나 강 위쪽에 있는 국가들이 물을 오염시키면 같은 강을 사용하는 하류 지역의 국가들은 오염된 물을 사용할 수밖에 없어요. 독일의 대표적 강으로 알려진 라인강도 프랑스, 오스트리아, 네덜란드가 함께 쓰는 다국적 강이에요. 그런데 상류 지역 국가인 스위스에서 물을 오염시켜서 하류에 있는 독일, 프랑스와 갈등을 빚기도 했어요.

또 상류 지역의 국가가 자기네 이익만 생각해서 댐을 건설하거나 물줄기를 바꿔 버리면, 하류 지역의 국가에서는 사용할 수 있는 물의 양이 줄어들어요.

1975년에 인도는 방글라데시와 가까운 곳에 파라카 댐을 건설했어요. 이 댐은 갠지스강의 물을 가두어 인도 농민들에게 큰 혜택을 안겨 주었지요. 그러나 갠지스강은 방글라데시에 이르면 물줄기보다 모래가 더 많이 보여요. 더군다나 방글라데시에는 돌이 없다고 해요. 강물이 돌을 실어다 줘야 하는데, 물의 양이 줄어 더는 그 역할을 하지 못하기 때문이죠. 돌이 없는 방글라데시는 흙으로 돌을 만들어 건물을 짓는대요.

이집트 하면 떠오르는 나일강도 에티오피아, 수단, 콩고, 우간다, 케냐, 탄자니아 등 9개의 아프리카 국가가 함께 쓰고 있어요. 하지만 강의 제일 윗부분을 차지하는 이집트가 아스완 댐을 건설하는 바람에 나머지 국가들은 강물을 충분히 사용하지 못하고 있어요. 이들 국가의 여성과 아이들은 물을 얻기 위해 날마다 먼 길을 걷고 긴 줄을 서야 해요.

물 사용에 대한 불평등을 해결하기 위해 많은 국가가 조약을 맺고 협정을 하지만, 큰 도움이 되지 못하고 있어요. 모두들 자기 나라의 이득을 챙기기 위해 조약과 협정도 자신의 국가에 유리하도록 애쓰기 때문이죠. 이러한 물 분쟁이 국제적으로 원만하게 해결되지 않는다면, 머지않은 미래에는 강을 차지하기 위한 전쟁이 벌어지는 날이 올지도 몰라요.

07 맑은 물을 위한 우리의 노력

　석유와 석탄은 에너지를 제공하는 가장 대표적 자원이에요. 하지만 땅속에 묻혀 있는 양이 한정되어 때가 되면 바닥날 거예요. 이를 위해 과학자들은 석유와 석탄을 대신할 수 있는 대체 에너지를 찾고 있어요. 태양열, 바람, 바이오 연료 등이 그것이죠. 하지만 물을 대신할 수 있는 것은 아무것도 없어요.

물을 지키자

지금 지구촌 곳곳은 이상 기후 현상으로 가뭄과 홍수, 불볕더위에 시달리고 있어요. 아프리카에서는 깨끗한 마실 물을 찾기 위해 우물을 파기 위한 노력을 끊임없이 기울여 오고 있어요. 그마저도 어려운 곳에서는 물을 차지하기 위한 작은 전쟁을 벌이고 있지요. 2400만 명이 사막화로 고향을 떠나고, 전 세계 곡물 재배지의 3분의 1이 마른땅으로 변해 더는 농작물이 자랄 수 없는 땅이 돼 버렸어요.

오염된 강물을 마신 사람들은 이름 모를 병에 걸려 시름시름 앓다가 죽어 가고 있어요. 숲과 강을 잃어버린 동물들은 뙤약볕이 내리쬐는 사막화

된 땅에서 죽어 마치 화석처럼 말라 버리거나 다른 동물들의 먹이가 되고 있어요.

언제나 원하는 때에 수돗물로 세수하고 양치하고 목욕하며, 이따금 가족과 함께 물놀이도 가는 여러분은 '정말 이런 일이 벌어지고 있다고? 에이 말도 안 돼!'라고 생각할지도 몰라요. 수도꼭지의 방향만 돌리면 사계절 내내 따뜻한 물, 차가운 물을 마음껏 쓸 수 있으니 말이죠. 더군다나 비도 내리고 눈도 내리는데 왜 물이 부족하다고 하는지 고개가 갸웃거려질 거예요.

물은 돌고 돌지만, 비나 눈으로 지구에 채워지는 물의 양보다 사람이 마구 퍼다 쓰고 생태계의 균형이 깨져 줄어드는 물의 양이 더 많아지기 때문이지요. 실제로 요즘 사람들은 우리 할머니 할아버지 세대들이 살았던 때보다 6배나 더 많은 물을 사용하고 있어요. 게다가 잘사는 나라 사람들은 못사는 나라 사람들보다 300~400배나 더 많이 물을 쓰지요.

또 세계적으로 유례를 찾아보기 힘든 극심한 가뭄에 중국, 오스트레일리아, 미국 등 많은 나라가 골머리를 앓고 있어요. 가뭄에 식량마저 부족해져서 물가가 오르고, 몇몇 나라에서는 굶어 죽는 사람들이 늘고 있어요.

삼면이 바다로 둘러싸여 있는 우리나라는 누가 봐도 물이 부족해 보이지는 않아요. 하지만 바닷물을 마실 수는 없어요. 바닷물 속에 든 염분(소금기) 때문에 기계를 사용해야 하는 공장 같은 곳에서는 산업용수로 쓸 수 없고, 논과 밭에 뿌릴 수도 없고, 가축들에게 먹일 수도 없어요.

　최근에 바닷물을 얼려 먹는 물로 만드는 신기술을 개발하기는 했지만, 그 기술을 발전시켜 쓸모 있게 만들려면 시간이 꽤 필요하답니다. 그동안 산에서 흘러내려 오는 물과 땅속에 있는 물(지하수), 강물을 지키지 못하고 마구 써 버린다면, 우리도 물이 부족해서 고통받는 아프리카 사람들처럼 전염병과 식량 부족, 물을 차지하기 위한 지역 간 다툼 등 많은 일을 겪어야 할 거예요.

물이 많다고 좋은 건 아니에요

물은 너무 많아도 걱정입니다. 홍수가 날 수 있어요. 홍수가 나면 사람이 다치거나 죽고 유용한 시설들이 물에 잠겨 쓸 수 없게 돼요. 수인성 전염병이 떠돌아 사람들의 목숨을 앗아 가요. 물이 넘쳐 나도 몸을 씻거나 마실 물이 각종 쓰레기와 독성 물질에 오염돼 사용할 수 없어요.

반대로 너무 부족해도 걱정이에요. 가뭄이 들거나 사람이 살 수 없는 사막이 늘어나게 돼요. 몸을 씻을 수 없어 피부병에 걸리고, 길거리는 온통 지저분해져서 전염병을 일으키는 세균들이 득실거리게 돼요. 무엇보다 가장 중요한 것은 마실 물이 없다는 거예요.

왜 물을 아껴 쓰고 소중히 생각해야 하는지 알겠죠?

물을 보호하려면

물을 보호하는 가장 쉬운 방법은 산에 나무를 많이 심는 거예요. 하천 주변에 나무를 많이 심으면 홍수가 나도 물이 마을로 넘치지 않아요.

차가 다니는 길은 포장해서 차에서 새어 나온 연료가 땅속으로 스며들지 않게 해요. 땅속으로 스며든 오염 물질은 결국 강으로 향한답니다.

화학 물질이 포함된 비료나 농약을 사용하지 않고 농사를 지어요. 그러면 물을 보호할 수 있을 뿐만 아니라 우리 몸도 건강해져요.

농사를 짓는 데 도움이 되는 퇴비는 그냥 두지 말고 덮개로 덮어 두어 빗물과 섞인 오염 물질이 땅속에 스미지 않게 해요.

자연 그대로의 습지는 빗물 속에 든 오염 물질을 걸러 내므로 없애지 말고 잘 지켜야 해요.

아무 데나 쓰레기를 버리지 말고 반드시 분리수거를 해요.

공장에서는 폐수를 맑은 물로 바꾸는 장치를 설치하여 강과 바다가 오염되지 않도록 해요.

강 밑바닥에 침전물이 너무 많이 쌓이지 않게 때마다 관리하여 강과 바다가 오염되지 않도록 해요.

가정에서는 화학 약품이 든 세제 말고 천연 세제를 사용해요. 어린이 친구들은 그림을 그린 뒤 잉크와 물감을 하수구에 버리지 말고 따로 처리해요.

식당에서는 음식물 쓰레기가 생기지 않도록 적당한 양만 내놓아요.

낡은 수도관을 고쳐서 물이 쓸데없이 낭비되지 않도록 해요. 개를 데리고 산책할 때는 배설물을 치울 수 있는 비닐봉지를 갖고 다녀요.

수도꼭지를 꼭 잠갔는지 확인하고, 물이 새는 곳이 없는지 확인해요.

욕조에 물을 받아서 간단하게 샤워하면 물을 절약할 수 있어요.

화분에 물을 줄 때는 이른 아침이나 저녁에 물을 줘요. 해가 쨍쨍한 낮에는 아침과 저녁보다 물을 많이 줘야 해요.

씻을 그릇의 양이 많을 때만 식기세척기를 사용하고, 평소에는 손으로 설거지해요.

변기통 속에는 무거운 벽돌이나 물을 채운 플라스틱 통을 넣어 흘려보내는 물의 양을 줄여요.

집을 지을 때부터 물을 생각해요

　사회적으로 환경에 관한 관심이 늘면서 집을 짓는 건축업계에서도 '물을 얼마나 절약할 수 있을까' 고민하며 물 절약을 실천하고 있어요.

　특히 빗물을 이용하면 아파트 같은 공동 주택, 사무실이 많이 모여 있는 커다란 건물에 공동으로 사용하는 물을 대신할 수 있어요. 우리나라의 경우 매년 눈, 비, 우박, 안개로 하늘에서 1240억 톤의 물이 땅으로 내려오는데, 실제로 쓰이는 것은 337억 톤밖에 안 된대요.

　그동안 아파트 옥상에 내린 빗물은 긴 관을 통해 하수구로 흘러들어 갔어요. 최근에 지어진 몇몇 아파트에는 빗물 재활용 시스템이 설치되어 빗물을 매우 유용하게 사용해요.

　빗물 재활용 시스템이란 '빗물을 건물 지하에 설치된 커다란 물탱크에 모아 정수 처리 과정을 거쳐 사용하는 것'을 말해요. 화단에 물을 주고 청소하며 분수로 사용해요. 각 가정에서는 화장실용으로 쓸 수 있어요. 실제로 빗물 재활용 시스템이 적용된 한 아파트에서는 각 단지당 1년에 500만 원 정도를 절약하고 있대요.

　대형 경기장에서는 빗물 이용 시설이 의무화되어 인천, 대전, 전주, 서귀포 월드컵 경기장에 200~1350톤 규모의 빗물을 이용할 수 있는 시설이 설치되어 있어요. 그 물은 축구장의 잔디를 푸릇푸릇하게 해 줘요. 불이 날 때를 대비해 소방용수로도 사용하지요.

일본에서는 도쿄에만 750여 개의 건물에 빗물 이용 시설이 설치되어 있어요. 독일에서는 지붕에서 흘러내리는 빗물을 지붕 밑에 달린 홈통으로 모아 지하 또는 지상에 있는 저장 탱크에 저장해 허드렛물로 사용해요.

우리나라에도 이런 시설이 늘어나면 여름 장마 때 수해를 입을 걱정을 하지 않아도 돼요.

물을 사용하지 않는 화장실

우리나라의 한 주민 공동 시설에 있는 남자 화장실에는 물을 사용하지 않는 소변기가 설치되어 있어요. 소변기 밑에 밀폐액이 들어 있는 필터를 설치해 물을 내리지 않아도 냄새가 나지 않고 해충과 세균의 번식을 막아요. 3개월마다 필터를 바꿔야 해서 조금 수고롭긴 하지만 물을 사용하는 것보다 비용을 절약할 수 있어요.

최근에는 기차 화장실에도 물을 사용하지 않는 친환경 소변기를 설치하고 있어요. 소변기 1개당 한 번에 물 4리터를 쓴다면, 1개 열차당 약 1920리터의 물을 절약할 수 있어요.

버린 물도 다시 써요

쓰레기를 재활용하듯이 물도 재활용할 수 있어요. 중수도 시설을 설치하는 거예요. '중수도'란 상수도와 하수도의 중간에 있다는 말로, 한 번 사용한 수돗물을 모아 정화 처리해서 수세식 화장실에서 물을 내릴 때, 세차할 때, 마당 청소를 할 때, 정원에 물을 줄 때, 불을 끌 때 사용하지요.

세수하거나 목욕한 물, 빨래한 물을 곧바로 하수구로 흘려보내는 것이 아니라, 건물 밖에 따로 마련된 물탱크에 모아요. 강물로 수돗물을 만드는 것처럼 탱크 안의 물을 약품 처리하고, 응집·침전·여과·소독 과정을 거쳐

깨끗한 물을 모아 두는 탱크로 옮겨 사용하는 거예요.

우리나라에서는 인천 국제공항이나 고속 도로 휴게소의 화장실에서만 쓰이고 있지만, 일본에서는 1980년대부터 사용해 오고 있어요. 미국에서는 1926년부터 사용했는데, 물이 부족한 곳에서는 마시는 물로도 사용해요.

숲을 살리면 물도 살아요

나무와 꽃, 풀이 있는 숲은 땅속에 스며든 물을 걸러서 깨끗하게 만들어 줘요. 비가 아무리 많이 와도 풀과 나무의 뿌리가 흙이 무너지지 않게 지탱해 줘요. 계곡물이 흐르는 곳에 빽빽이 자란 나무들은 물이 갑자기 넘치지 않게 막아 줘요.

물 관련 상식 퀴즈

01 수증기보다 조금 더 커진 물방울이 모여 하늘에 떠 있는 것을 _____이라고 해요.

02 흰 구름은 물방울의 수가 적을 뿐 아니라 입자 크기도 작아서 빛을 흡수하기보다는 흩어 버리기 때문에 하얗게 보여요. (○ ×)

03 지구 물의 97.5%는 빙하로 되어 있어요. (○ ×)

04 물이 땅이나 바다에서 공기 중으로, 공기 중에서 다시 땅과 바다로 되돌아오는 데는 이틀이면 돼요. (○ ×)

05 물이 흙을 운반해 쌓아 놓은 곳을 '선상지' 또는 '삼각주'라고 해요. (○ ×)

06 _____은 서양의 많은 미술 작품에서 볼 수 있는 물의 신으로서 보통 삼지창을 들고 있어요.

07 옛날 사람들은 모든 생명이 바다에서 시작됐다고 믿었기 때문에 _____을 생명의 근원으로 여겼어요.

08 전 세계적으로 물 부족을 이유로 완송끄란, 틴잔과 같은 물 축제가 금지됐어요. (○ ×)

09 신라 시대에도 공중목욕탕이 있었어요. (○ ×)

10 갓 태어난 아기는 몸의 4분의 3이 물이에요. (○ ×)

11 식물로 덮인 땅이 줄어들면 ＿＿＿＿＿＿과 같이 건조한 땅이 늘어나요.

12 물은 오로지 높은 곳에서 낮은 곳으로, 그리고 일직선으로 흘러요. (○ ×)

13 물은 아무 맛도 없고 냄새도 없는 액체로 어떠한 것과도 섞이지 않아요. (○ ×)

14 댐은 주로 홍수와 가뭄에 대비하기 위해 만들어졌는데, 농사를 지을 때는 하나도 소용이 없어요. (○ ×)

15 바닷물을 이용하여 에너지를 얻는 방법 중에 파도의 움직임을 이용해 전기를 얻는 것을 ＿＿＿＿＿＿이라고 해요.

16 짠물을 먹을 수 있는 물로 바꾸는 것을 해수 담수화라고 해요.
(○ ×)

17 구름 속 물방울들이 빗방울이 될 수 있도록 비행기로 구름에 비의 씨를 뿌리거나 장비를 날려 보내는 것을 _____ 라고 해요.

18 지금으로부터 약 2300년 전인 로마 시대 때부터 상수도와 하수도를 만들어 사용했어요. (○ ×)

19 수돗물은 물속에 있는 이물질과 병균을 제거하고, 불쾌한 냄새나 비릿한 맛이 나지 않도록 여러 가지 약품을 넣어 만든 깨끗한 물이에요. (○ ×)

20 한강의 옛 이름으로, 우리나라 서울시 수돗물의 이름을 _____ 라고 해요.

21 대표적인 수인성 전염병으로, 1817년 인도의 벵골 지방에서 시작되어 전 세계적으로 엄청난 사람들의 목숨을 앗아 간 질병을 _____ 라고 해요.

22 물 부족 현상이 심해지고 있지만, 전 세계 모두 우리나라처럼 수돗물이 24시간 콸콸 쏟아져 나와요. (○ ×)

23 공장에서 나오는 매연이 섞인 산성비는 지하수와는 아무 상관이 없어요. (○ ×)

24 쓰레기를 모아 둔 곳에서 흘러나온 오염 물질이 땅뿐만 아니라 물에도 스며들어요. (○ ×)

25 물을 대신할 수 있는 것은 아무것도 없으므로 우리는 물을 지키고 아껴야 해요. (○ ×)

 정답
01 구름 | 02 ○ | 03 × | 04 × | 05 ○ | 06 포세이돈 | 07 물 | 08 × | 09 ○ | 10 ○ | 11 사막 | 12 ×
13 × | 14 × | 15 파력 발전 | 16 ○ | 17 인공 강우 | 18 ○ | 19 ○ | 20 아리수 | 21 콜레라 | 22 × | 23 ×
24 ○ | 25 ○

물 관련 단어 풀이

행성 : 중심 별의 강한 인력의 영향으로 타원 궤도를 그리며 중심 별의 주위를 도는 천체. 태양계에는 수성, 금성, 지구, 화성, 목성, 토성, 천왕성, 해왕성의 8개 행성이 있음.

마그마 : 땅속 깊은 곳에서 액체 상태로 녹아 있는 뜨거운 물질. 화산이 폭발하면 밖으로 쏟아져 나옴.

수소 : 불이 아주 잘 붙는 가장 가벼운 기체 원소로 색과 맛이 없음.

기체 : 수증기나 공기처럼 일정한 모양이나 부피가 없이 자유롭게 움직이는 물질.

지표면 : 땅의 겉면.

태양열 : 태양에서 나와 지구에 도달하는 열.

대류 현상 : 계속해서 더운 기체나 액체가 위로 오르면서 찬 기체나 액체가 아래로 내려오는 현상.

응결 : 기체가 온도가 낮아지거나 또는 압력을 받아 액체로 변하는 현상.

응축 : 기체가 액체로 변하는 현상.

증발 : 액체가 기체로 변하는 현상.

대기 : 지구를 둘러싼 모든 공기.

순환 : 어떤 행동이나 현상이 하나의 과정을 지나 다시 처음 자리로 되돌아오는 것. 또는 되풀이하는 것.

자정 작용 : 오염된 물이나 땅이 저절로 깨끗해지는 작용.

담수 : 강이나 호수처럼 소금기가 없는 물. 민물.

극지방 : 남극과 북극을 중심으로 한 그 주변 지역.

빙하 : 높은 산이나 날씨가 추운 북쪽 지방에 오래 쌓인 눈이 얼어붙어 바다를 덮고 있는 것.

침식 작용 : 물이나 바람에 땅이나 바위가 조금씩 씻겨 나가거나 부스러지는 작용.

운반 작용 : 물이나 바람에 의해 침식 작용으로 쓸려 나온 흙이나 자갈 등이 옮겨지는 작용.

퇴적 작용 : 물이나 바람에 의해 흙, 쓰레기가 많이 쌓이는 작용.

선상지 : 골짜기 어귀에 물이 흙을 운반해 쌓아 놓은 곳. 평지를 향해 부채 모양으로 이루어지는데, 골짜기 어귀의 중심 부분이 선정, 끝부분이 선단, 중간 부분이 선앙.

삼각주 : 강이 바다와 만나는 어귀에 생긴 땅. 강물이 운반해 온 모래나 흙이 쌓여 이루어진 편평한 지형.

플랑크톤 : 물속이나 물 위에 떠돌며 사는, 물고기의 먹이가 되는 아주 작은 미생물.

풍랑 : 바람이 불어서 심하게 일어나는 큰 물결.

가뭄 : 오랫동안 비가 오지 않아 메마른 날씨.

유대교 : 모세의 율법을 기초로 기원전 4세기쯤부터 발달한 유대인의 민족 종교.

건기 : 1년 중에 비가 별로 내리지 않고 메마른 시기.

유둣날 : 우리나라 고유의 명절 가운데 하나로, 음력 6월 보름날. 좋지 않은 일을 털어 버리기 위해 동쪽으로 흐르는 물에 머리를 감는 풍속이 있음.

양수 : 태아를 둘러싸고 있는 양막 안의 액체. 태아를 보호하며 출산할 때는 흘러나와 분만을 쉽게 함.

유기물 : 생명체를 이루고 생활을 하게 하는 물질.

진화 : 생물이 오랜 시간에 걸쳐서 조금씩 변화하면서 점점 복잡한 것으로 발전하는 현상.

호르몬 : 몸속의 특수한 기관에서 만들어진 물질로, 어떤 조직이나 기관의 활동을 조절함.

펌프 : 공기가 누르는 힘을 이용해 액체를 끌어 올리거나 옮기는 장치.

광합성 : 녹색식물이 빛을 에너지 삼아 이산화탄소와 수분으로 녹말·당과 같은 화합물을 만들어 내는 것.

수차 : 큰 바퀴를 돌려 낮은 곳에 있는 물을 높은 곳으로 퍼 올리는 장치.

수로 : 농사일이나 공산품을 만드는 데 꼭 필요한 물이 흐르도록 만든 물의 길.

홍수 : 비가 많이 내려 강물과 시냇물이 크게 불어나 넘치는 것.

밀물 : 하루에 두 차례씩 일정한 때에 밀려드는 바닷물.

썰물 : 바닷물이 주기적으로 밀려 나가서 바닷물의 높이가 낮아지는 현상.

해수 담수화 : 짠물을 먹을 수 있는 물로 바꾸는 것. 바닷물을 증발시켜 만든 수증기를 물로 만드는 방식과 물속에 녹아 있는 소금을 통과시키지 않는 삼투막을 이용해 물을 만드는 두 가지 방식이 있음.

인공 강우 : 구름 속 물방울들이 빗방울이 될 수 있도록 구름에 비의 씨를 뿌리거나 장비를 날려 보내 인공적으로 비가 오게 하는 것.

오염 : 물이나 공기, 흙 등이 더러워지는 것.

정수 : 물을 깨끗하고 맑게 함. 또는 그 물.

여과 : 액체나 기체에 있는 불순물을 걸러 내는 것.

취수 : 강이나 저수지에서 필요한 물을 끌어오는 것.

침전 : 물에 섞여 있던 물질이 가라앉는 것. 그렇게 가라앉은 물질이 침전물.

오존 : 독한 냄새가 나는 푸른색이 도는 기체. 살균이나 소독에 씀.

활성탄 : 어떤 물질에 달라붙는 성질이 매우 높은 탄소로 된 물질. 색소나 냄새를 잘 빨아들이는 특성 때문에 방독면 같은 것에 쓰임.

소독 : 해로운 세균을 약품이나 열 등으로 죽이는 일.

배수 : 물이 시작되는 곳에서 관을 이용해 수돗물을 나누어 보내는 것.

살균 : 약품이나 열로 세균을 죽여 없애는 것.

수인성 전염병 : 물이나 음식물에 들어 있는 세균으로 전염되는 병. 이질, 장티푸스, 콜레라 등.

유엔 : 국제 연합. 제2차 세계 대전 뒤 국제 평화와 안전의 유지, 국제 우호 관계의 촉진, 경제적·사회적·문화적·인도적 문제에 관한 국제 협력을 달성하기 위하여 창설한 국제 평화 기구.

방파제 : 배가 안전하게 드나드는 항구로 밀려드는 물결을 막기 위해 바다에 쌓은 둑.

매연 : 공기 중에 있는 오염 물질로, 주로 자동차와 같이 연료를 태웠을 때 나오는 그을음이 섞인 검은 연기.

산성비 : 오염 물질이 섞여 산성이 강한 비.

비료 : 식물이 잘 자라도록 뿌려 주는 영양 물질.

살충제 : 농작물, 가축, 사람에게 해가 되는 벌레를 죽이는 약.

방사성 폐기물 : 원자로, 핵연료, 인공 방사성 동위 원소를 다루는 데서 생기는 방사성 물질이 들어 있는 온갖 폐기물.

중금속 : 납, 카드뮴, 수은 같은 인체에 해로운 금속.

지구 온난화 : 지구의 기온이 높아지는 현상.

해조류 : 김, 미역, 다시마처럼 바다에서 자라는, 꽃이 피지 않고 열매도 맺지 않는 식물.

빙하호 : 빙하가 녹은 물이 스며들어 생긴 호수.

다국적 강 : 2개 이상의 국가가 함께 사용하는 강으로, 전 세계에 214개 이상이 있음.

대체 에너지 : 양이 제한된 석탄·석유를 대신해서 쓸 수 있는 에너지.

빗물 재활용 시스템 : 빗물을 건물 지하에 설치된 물탱크에 모아 정수 처리 과정을 거쳐 사용하는 것.

중수도 시설 : 한 번 사용한 수돗물을 모아 정화 처리해서 다른 용도로 사용할 수 있게 만든 시설.